900개 어휘 15일 완성 PLAN

이현아
취향저격
지텔프

900 어휘편

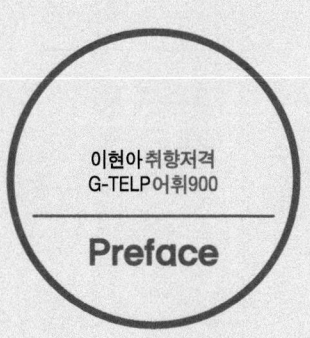

군무원, 공무원, 세무사, 감정 평가사 등 시험을 준비하면서 지텔프(G-TELP)라는 시험을 알게 된 분들이 대부분일 것입니다. 하지만 제대로 된 교재도, 명확하게 알려주는 강의도 찾기 힘들다는 현실을 곧 발견하게 되죠. 이로 인해 지텔프 시험을 아예 포기하거나 수험생활에서 좌절하는 분들이 많습니다.

수험생들에게 지텔프 시험과 관련된 실질적인 도움을 주고 제대로 된 방향성을 제시하고자 '이현아의 취향저격 지텔프 시리즈'를 만들게 되었습니다. 「이현아의 취향저격 G-TELP Voca 900」은 지텔프 시험 전 영역 기출 및 기출 예상 어휘들 중 핵심어 900개만을 선별하여 정리했습니다. 그만큼 자신 있기에, 확신할 수 있기에 그 어떤 책보다 더욱 가볍게 만들었습니다.

얇지만 꽉 찬 구성으로 동의어를 찾는 어휘 영역뿐 아니라 문법·독해·듣기 영역에도 모두 대비가 가능합니다. 파생어뿐 아니라 동의어를 통해서 어휘 학습 효과를 최대치로 높이고, 엄선된 예문을 통해 문맥 속에서 쓰이는 어휘의 쓰임을 자연스럽게 익힐 수 있도록 만들었습니다.

목표점수가 다르다면 어휘학습 범위와 양도 달라야 한다는 게 제 생각입니다. 32점, 50점을 목표로 공부하시는 분들은 필수 어휘 위주로 학습을 하시면 됩니다. 65점 이상을 목표로 공부를 하고 있는 수험생들은 필수 어휘 뿐 아니라 [도전! 65점 이상] 섹션에 담긴 고급어휘도 반드시 학습하실 것을 권해드립니다.

각자의 실력과 시험대비 일정을 고려하여 목표를 세운 뒤 학습 플랜에 맞추어 꾸준히 학습하십시오. 여러분들이 목표로 하는 점수를 획득하는데 이 책이 든든한 밑거름이 될 것입니다.

여러분들의 꿈과 도전을 응원합니다!

저자 이현아

3주완성
학습플랜
─────────
개인별 진도
CHECK-UP

도전 32점 완벽 마스터!

Week 01	Day 1		Day 2		Day 3		Day 4		Day 5	
	1일차 학습		2일차 학습		3일차 학습		4일차 학습		5일차 학습	
	O	X	O	X	O	X	O	X	O	X

Week 02	Day 6		Day 7		Day 8		Day 9		Day 10	
	1일차 학습		2일차 학습		3일차 학습		4일차 학습		5일차 학습	
	O	X	O	X	O	X	O	X	O	X

Week 03	Day 11		Day 12		Day 13		Day 14		Day 15	
	1일차 학습		2일차 학습		3일차 학습		4일차 학습		5일차 학습	
	O	X	O	X	O	X	O	X	O	X

도전 65점 완벽 마스터!

Week 01	Day 1			Day 2			Day 3			Day 4			Day 5		
	1일차 학습			2일차 학습			3일차 학습			4일차 학습			5일차 학습		
	O	X	도전 65점	O	X	도전 65점	O	X	도전 65점	O	X	도전 65점	O	X	도전 65점

Week 02	Day 6			Day 7			Day 8			Day 9			Day 10		
	1일차 학습			2일차 학습			3일차 학습			4일차 학습			5일차 학습		
	O	X	도전 65점	O	X	도전 65점	O	X	도전 65점	O	X	도전 65점	O	X	도전 65점

Week 03	Day 11			Day 12			Day 13			Day 14			Day 15		
	1일차 학습			2일차 학습			3일차 학습			4일차 학습			5일차 학습		
	O	X	도전 65점	O	X	도전 65점	O	X	도전 65점	O	X	도전 65점	O	X	도전 65점

이현아 취향저격
G-TELP어휘900

CONTENTS

DAY
01

이현아

취향저격
G-TELP
어휘 900

□ abandon	□ hang	□ race
□ abhor	□ hectic	□ realize
□ accept	□ identical	□ renovate
□ agenda	□ immersed	□ satisfy
□ attorney	□ judge	□ scholar
□ breakthrough	□ keen	□ selfish
□ bring on	□ knowledge	□ shortage
□ calm	□ labor	□ taboo
□ catastrophe	□ legitimate	□ temper
□ consensus	□ magnify	□ transaction
□ damage	□ mortality	□ ubiquitous
□ deduction	□ mutable	□ urban
□ detrimental	□ narrow	□ vaccine
□ eager	□ nuisance	□ various
□ enhance	□ obey	□ vicinity
□ equivalent	□ overlook	□ wage
□ face	□ pale	□ waste
□ fertile	□ participate	□ welfare
□ gain	□ perceive	□ yield
□ gauge	□ privilege	□ zealous

01 □□□	**accept** [əksept]	ⓥ 받아들이다, 수락하다, 인정하다 I've decided to accept her invitation to the party. 나는 그녀의 파티 초대를 받아들이기로 결정했다. acceptance ⓝ 동의, 수락
02 □□□	**agenda** [ədʒéndə]	ⓝ 안건, 의제 The printed agenda is about health care. 그 인쇄된 안건은 건강보험에 관한 것이다. Trump's economic agenda includes urging domestic automakers to create more jobs in the U.S. 트럼프의 경제적인 안건은 국내 자동차 회사들이 미국에 더 많은 직업을 생산하도록 촉구하는 것을 포함한다.
03 □□□	**bring on**	ⓥ 야기하다, 초래하다 the circumstances that brought on the economic recession 경기 침체를 초래한 상황 Some climatologists fear that global warming might bring on another new ice age. 어떤 기후학자들은 지구 온난화가 또 다른 새 빙하기를 야기할 지도 모른다는 점을 두려워한다.
04 □□□	**calm** [kaːm]	ⓐ 침착한, 고요한, 평온한 ⓥ 가라앉히다, 진정시키다 When their dogs bark, the owners tried to calm them down. 그들의 강아지가 짖을 때, 주인들은 진정시키려고 애를 썼다.
05 □□□	**damage** [dǽmidʒ]	ⓝ 손해, 피해 ⓥ 손해를 입히다, 피해를 입히다 The fire in the kitchen didn't cause much damage. 주방에서의 화재는 큰 피해를 야기하지 않았다. damaging ⓐ 손상을 주는, 해로운

영어 취향자격 지텔프 어휘 900

06 □□□	**eager** [íːgər]	ⓐ 열망하는, 갈망하는 The zoo is one of the best places where children are eager to go. 그 동물원은 아이들이 가고 싶어 하는 최고의 장소들 중 하나이다. be eager for N (~ 을 열망하다, 갈망하다) be eager to do (~ 하고 싶어 하다) eagerness ⓝ 열망, 갈망
07 □□□	**enhance** [ɪnhǽns]	ⓥ 강화하다, 높이다 [= reinforce, boost] effective strategies to enhance safety on the road 도로의 안전성을 강화하기 위한 효과적인 전략 Antibiotic abuse could enhance development of antibiotic resistance. 항생제 남용은 항생 물질에 대한 내성을 키울 수 있다. enhancement ⓝ 상승, 향상 enhanced ⓐ 증대한, 강화한
08 □□□	**face** [feis]	ⓝ 얼굴, 표정, (물건의) 면 ⓥ 마주하다, 직면하다 They faced the threat of extinction as soon as they were spotted. 그들은 발견되자마자 멸종위기에 직면했다.
09 □□□	**gain** [gein]	ⓥ 얻다, (무게 등을) 늘리다 ⓝ 이익, 증가 They believe it is useless to gain people's trust. 그들은 사람들의 신용을 얻는 것이 쓸모없다고 믿는다.
10 □□□	**hang** [hæŋ]	ⓥ 걸다, 달다, 교수형 처하다 ↳ hang - hung - hung ↳ hang - hanged – hanged Hang your coat up on the hook. 네 외투를 옷걸이에 걸어라. He was the last man to be hanged for murder in this country. 그는 이 나라에서 살인죄로 교수형을 당한 마지막 남자였다.

11 □□□	**identical** [aidéntikəl]	ⓐ 똑같은, 동일한 In addition, animals and humans are not biologically identical. 게다가, 동물들과 인간들은 생물학적으로 같지 않다. be identical to[with] (~ 와 똑같다, 동일하다)
12 □□□	**judge** [dʒʌdʒ]	ⓝ 재판관, 판사, 심사위원 ⓥ 판단하다, 재판하다 The judge sentenced the criminal to five years in prison. 판사는 그 범죄자에게 감옥에서의 5년형을 선고했다.
13 □□□	**knowledge** [nálidʒ]	ⓝ 지식, 학식, 알고 있음 The film was made with the prince's full knowledge and approval. 그 영화는 왕자가 다 알고 있고 승인한 상태에서 만들어졌다. know ⓥ ~을 알다
14 □□□	**labor** [léibər]	ⓝ 노동, 일, 수고 ⓥ 일하다, 애쓰다 Building the railroads required a lot of labor. 철도를 건설하는 것은 많은 노동을 필요로 했다. laborious ⓐ 힘든, 근면한
15 □□□	**magnify** [mǽgnɪfaɪ]	ⓥ 확대하다 [= enlarge], 더 중요하게 만들다 This microscope magnifies objects 500 times. 이 현미경은 물체를 500배로 확대해서 보여준다. magnification ⓝ 확대, 확대(율)

이휘아 최종점검 지텔프 어휘 900

16 □□□	**narrow** [nǽrou]	ⓐ 폭이 좁은 ⓥ 좁히다, 좁아지다

She was elected by a narrow margin.
그녀는 근소한 차이로 당선됐다.

narrowly ⓐⓓ 가까스로, 면밀히

17 □□□	**obey** [oubéi]	ⓥ 복종하다, 따르다 ↔ [disobey 따르지 않다]

A subordinate officer must obey every command given by his commander.
하사관은 사령관이 지시하는 모든 명령에 복종해야 한다.

obedience ⓝ 복종
obedient ⓐ 말을 잘 듣는, 순종적인

18 □□□	**overlook** [ouvərlùk]	ⓥ 간과하다, 못 보고 넘어가다 [= ignore, disregard]

be prone to overlook a danger
위험을 간과하는 경향이 있다

They almost always overlook their natural gifts because they are simply too close to them to see objective reality.
그들은 자신들의 재능이 너무 가까이 있어서 객관적인 사실을 볼 수 없기 때문에 거의 항상 타고난 재능을 간과하게 된다.

overlooker ⓝ 감독자

19 □□□	**pale** [peil]	ⓐ 창백한, 연한

My father turned pale when I told them this story.
나의 아버지는 내가 그들에게 이 이야기를 말했을 때 얼굴이 창백해지셨다.

20 □□□	**participate** [pɑːrtísəpèit]	ⓥ 참가하다

Regardless of their status, all citizens can participate in their government by voting.
지위에 관계없이 모든 시민들은 그들의 정부에 투표를 함으로써 참여할 수 있다.

participate in [= take part in] (~ 에 참가하다)

participation ⓝ 참가, 관여
participant ⓝ 참가자

21 □□□	**perceive** [pərsíːv]	ⓥ 인지하다, 인식하다 We perceive a stimulus in different ways. 우리는 여러 방식으로 자극을 인지한다. perception ⓝ 인지, 지각
22 □□□	**privilege** [prívəlidʒ]	ⓝ 특권, 혜택 As a top manager, she has the special privileges of a big office and a private bathroom. 수석 매니저로서 그녀는 큰 사무실과 개인 화장실을 갖는 특권을 가진다. Freedom of speech is a right and not a privilege. 언론의 자유는 권리이지 특권이 아니다.
23 □□□	**race** [reis]	ⓝ 경주, 인종, 종족 ⓥ 경주하다, 질주하다 I watched the race on television. 나는 텔레비전에서 그 경주를 보았다. This custom is found in people of all races throughout the world. 이런 관습은 전 세계에 걸쳐 모든 종족에게서 발견된다.
24 □□□	**realize** [ríːəlàiz]	ⓥ 깨닫다 [= become aware of], 실현하다, 달성하다 [= fulfill] I realized that it is the hardest job in the world. 나는 그것이 세상에서 가장 힘든 일이라는 것을 깨달았다. realization ⓝ 깨달음, 자각
25 □□□	**renovate** [rénəveɪt]	ⓥ 개조하다, 혁신하다 After several guests complained about the old rooms, the owner decided to renovate his hotel. 몇몇 손님들이 낡은 방에 대해 불평을 하고 난 후, 그 주인은 호텔을 개조하기로 결정했다. renovation ⓝ 수선, 수리, 혁신

이현아 취향저격 지텔프 어휘 900

26 ☐☐☐	**satisfy** [sǽtisfài]	ⓥ 만족시키다 The play failed to satisfy the crowd. 그 연극은 관객들을 만족시키는 데 실패했다. be satisfied with (~에 만족하다) satisfaction ⓝ 만족
27 ☐☐☐	**scholar** [skálər]	ⓝ 학자 Other scholars interpret the calendars differently. 다른 학자들은 그 달력을 다르게 해석한다.
28 ☐☐☐	**selfish** [sélfiʃ]	ⓐ 이기적인 People who like the color yellow are likely to be self- centered and selfish. 노란색을 좋아하는 사람들은 자기중심적이고 이기적인 경향이 있다. selfishness ⓝ 자기 멋대로의, 이기적임
29 ☐☐☐	**shortage** [ʃɔ́ːrtidʒ]	ⓝ 부족, 결핍 As the government shifted its focus to military first policy, food shortages began. 정부가 군사 우선 정책에 초점을 맞추기 시작하면서 식량 부족이 시작했다. short ⓐ 짧은 shorten ⓐ 짧게하다, 단축하다
30 ☐☐☐	**taboo** [təbúː]	ⓐ 금기의 ⓝ 금기, 터부 Incest is generally taboo among humans. 근친상간은 사람들 사이에서 일반적으로 금기시된다.

31 ☐☐☐	**temper** [témpər]	ⓝ 기질, 성격, 화 My little brother often gets into fights because of his quick temper. 내 남동생은 그의 급한 성미 때문에 종종 싸움에 말려든다. keep one's temper (화를 참다) lose one's temper (화를 내다)
32 ☐☐☐	**transaction** [trænzǽkʃn]	ⓝ 거래, 업무, (업무, 교섭 등의) 처리 The transaction did not work due to a lack of funds in the account. 계좌에 자금이 부족하여 거래가 이뤄지지 않았다. transact ⓥ 거래하다
33 ☐☐☐	**urban** [ə́ːrbən]	ⓐ 도시의, 도시 특유의 ↔ [rural 시골의] This means that there must be more investment in urban planning. 이것은 도시 계획에 더 많은 투자가 이루어져야 한다는 것을 의미한다.
34 ☐☐☐	**vaccine** [væksíːn]	ⓝ 백신 The fact is that poverty stricken nations still desperately need vaccines. 사실 가난에 시달리는 나라들은 여전히 절실히 백신을 필요로 한다는 것이다. give a vaccine (백신을 주사하다) vaccinate ⓥ 예방 접종을 하다 vaccination ⓝ 예방 접종
35 ☐☐☐	**various** [vέəriəs]	ⓐ 다양한, 여러 가지의 [= varied] The students will also be taught various kinds of writings. 학생들은 또한 다양한 종류의 글쓰기도 배우게 될 것이다. vary ⓥ 다르다, 달라지다 variousness ⓝ 다양성, 변화 variety ⓝ 각양각색

이형일 취향저격 지텔프 어휘 900

36 □□□	**wage** [weɪdʒ]	ⓝ 임금, 급료

The minimum wage is set at five dollars an hour.
최저 임금은 1시간에 5달러로 책정되어 있다.

---

37 □□□	**waste** [weist]	ⓝ 낭비, 쓰레기 ⓥ 낭비하다

Overseas absentee voting was inefficient and a waste of taxpayers' money.
해외 부재자 투표는 비효율적이고 납세자의 돈 낭비였다.

wasteful ⓐ 낭비하는

---

38 □□□	**welfare** [wélfɛər]	ⓝ 복지, 행복

The welfare of the animals is the top priority at this shelter.
동물들의 복지가 이 보호소에서 최우선 사항이다.

---

39 □□□	**yield** [ji:ld]	ⓝ 양보, 산출(량) ⓥ 양보하다 [= give in, surrender], 산출하다, 만들어 내다

They had truly seen the yield sign.
그들은 진짜로 양보 표지를 보았었다.

---

40 □□□	**zealous** [zeləs]	ⓐ 열광적인, 열심인

No one was more zealous than Kate in supporting the proposal.
어느 누구도 그 제안을 지지하는 데 있어서 Kate보다 더 열성적이지 않았다.

zeal ⓝ 열성, 열의

41 □□□ **abandon** [əbǽndən]

ⓥ 버리다, 그만두다, 포기하다 ⓝ 자유분방, 방종

The sound of the siren made the thieves abandon the stolen vehicle.
사이렌 소리는 도둑들이 훔친 차량을 버리게 했다.

abandonment ⓝ 버림, 유기
abandoned ⓐ 버림받은

42 □□□ **abhor** [æbhɔ́ːr]

ⓥ 몹시 싫어하다 [= detest, dislike]

We abhor all forms of violence against women and children.
우리는 여성들과 아이들에게 행하는 모든 형태의 폭력을 싫어한다.

abhorrence ⓝ 혐오
abhorrent ⓐ 혐오스러운

43 □□□ **attorney** [ətɜ́ːrni]

ⓝ 변호사

Jurors heard an attorney bring up a weakness.
배심원들은 변호사가 약점을 제기하는 것을 들었다.

Davis appointed her his attorney.
Davis는 그녀를 자신의 변호사로 선임했다.

44 □□□ **breakthrough** [bréɪkθruː]

ⓝ 큰 발전, 약진, 돌파구, 타개책 ⓐ 획기적인

The smart phone was a huge breakthrough in the electronics industry.
스마트폰은 전자 산업에서 큰 발전이었다.

45 □□□ **catastrophe** [kətǽstrəfi]

ⓝ 큰 재해, 재앙

The war was a catastrophe for Europe.
그 전쟁은 유럽에게 재앙이었다.

이현아 취향저격 지텔프 어휘 900

46 consensus
□□□ [kənsensəs]

ⓝ 의견, 일치, 합의

false consensus effect
허위 합의 효과

There is a general consensus among teachers about the need for greater security in schools.
학교의 보안을 더 강화할 필요가 있다는 데 대해 교사들의 의견이 대체로 일치한다.

47 deduction
□□□ [dɪdʌkʃn]

ⓝ 추론, 추정, 공제

He arrived at the solution by a simple process of deduction.
그는 간단한 추론 과정을 통해 결론에 이르렀다.

deduce ⓥ 추론하다
deduct ⓥ 공제하다

48 detrimental
□□□ [detrɪmentl]

ⓐ 해로운 [= injurious, harmful]

However, the long-term effects can be extremely detrimental.
그러나 장기적인 영향은 심각하게 해로울 수 있다.

49 equivalent
□□□ [ɪkwɪvələnt]

ⓝ 등가물, 상당하는 것 ⓐ 상당하는, 동등한

the modern equivalent to the use of music
음악사용의 현대적 등가물

Eight kilometers is roughly equivalent to five miles.
8킬로미터는 대략 5마일에 해당한다.

50 fertile
□□□ [fɜːrtl]

ⓐ 비옥한, 생식력이 있는, 결실을 낳는

the fertile volcanic soils
비옥한 화산 토양

The Provence region of France used to be a fertile place.
프랑스의 프로방스 지역은 비옥한 땅이었다.

DAY 01

17

이현아 취향자격 지텔프 어휘 900

51 □□□	**gauge** [geɪdʒ]	ⓥ 판단하다, 측정하다 ⓝ 치수, 기준

a good gauge of the team's promotion chances
그 팀의 승격 기회의 좋은 기준

He interviewed employees to gauge their reaction to the changes.
그는 변화에 대한 그들의 반응을 알아보기 위해 직원들을 면담했다.

52 □□□	**hectic** [hektɪk]	ⓐ 정신없이 바쁜, 빡빡한

their habitual hectic life context
그들의 정신없이 바쁜 생활환경

I want to detach myself from my hectic life.
나는 바쁜 일상사에서 벗어나고 싶다.

53 □□□	**immersed** [iméːrst]	ⓐ 푹 빠진, 열중한, 몰두한

People in the town became immersed in a new culture.
그 마을 사람들은 새로운 문화에 푹 빠지게 되었다.

She was immersed in her work.
그녀는 자신의 일에 몰두했다.

immerse ⓥ 몰두하게 하다

54 □□□	**keen** [kiːn]	ⓐ 날카로운 [= sharp], 예민한, 열심인

keen observation and in-depth analysis
예리한 관찰과 심층적인 분석

China's communist government has always been very keen on censorship.
중국 공산당 정부는 언제나 검열에 열중해 왔다.

keen on doing (~ 하는 것을 좋아하는, ~ 하는 것에 매우 열중하여)

55 □□□	**legitimate** [lidʒítəmət]	ⓐ 정당한, 합법적인

the legitimate use of what others say
다른 사람들이 말하는 것에 대한 정당한 이용

Is his business strictly legitimate?
그의 사업이 엄격히 적법한가?

56 ☐☐☐	**mortality** [mɔːrtǽləti]	ⓝ 사망률, 사망자 수 the decrease in human mortality 인간 사망률에서의 감소 The nation's infant mortality rate has reached a record low. 전국 유아 사망률이 사상 최저치로 떨어졌다.
57 ☐☐☐	**mutable** [mjuːtəbl]	ⓐ 변하기 쉬운 The mutable weather makes it hard to predict whether it will be sunny or rainy. 변덕스러운 날씨는 화창할지 비가 올지를 예측하는 것을 어렵게 한다. mutate ⓥ 변화시키다 mutation ⓝ 변화, 돌연변이
58 ☐☐☐	**nuisance** [nuːsns]	ⓝ 성가신 일, 골칫거리 The cats were a nuisance to the fisherman. 고양이들은 어부들에게 골칫거리였다.
59 ☐☐☐	**ubiquitous** [juːbíkwɪtəs]	ⓐ 어디에나 있는, 흔한, 널리 퍼진 [= widespread] This kind of technology is now ubiquitous, and it is predicted that digital sickness could affect as much as 90 percent of the population. 이러한 종류의 기술은 현재 흔하기 때문에 디지털 멀미가 현재 인구의 90%에 영향을 미칠 수 있을 것이라고 예측된다.
60 ☐☐☐	**vicinity** [vəsínəti]	ⓝ 근처, 주변 [= surroundings, neighborhood, proximity] The family wants to buy a home in the vicinity of the school. 가족은 그 학교 근처에 집을 구하기를 원했다.

DAY 01

19

DAY
02

이현아

취향저격
G-TELP
어휘 900

- □ abate
- □ abolish
- □ advantage
- □ affect
- □ alien
- □ ample
- □ apparent
- □ approximate
- □ attract
- □ bankrupt
- □ boost
- □ cease
- □ classify
- □ compromise
- □ concern
- □ contagious
- □ contribute
- □ defect
- □ demolish
- □ despair

- □ deteriorate
- □ disrupt
- □ distort
- □ diverse
- □ drain
- □ dump
- □ embarrassed
- □ emphasize
- □ encounter
- □ erect
- □ flourish
- □ forbid
- □ forge
- □ genuine
- □ hailed
- □ impair
- □ indifferent
- □ infection
- □ initiate
- □ insist

- □ integral
- □ issue
- □ marginally
- □ multiply
- □ multitudinous
- □ nervous
- □ obesity
- □ opponent
- □ patronize
- □ prototype
- □ recipient
- □ relevant
- □ reputation
- □ restore
- □ reverse
- □ seize
- □ severe
- □ shrink
- □ substantial
- □ vulnerable

DAY 02

01 □□□
abolish
[əbáliʃ]

ⓥ 폐지하다, 무효로 하다

abolish import duties
수입 관세를 철폐하다

Canada abolished the death penalty for all crimes in the 1960s.
캐나다는 1960년대에 모든 범죄에 대한 사형 제도를 폐지했다.

02 □□□
advantage
[ædvǽntidʒ]

ⓝ 장점, 이점 [= merit, benefit]

Computer has a distinct advantage over most other systems.
컴퓨터는 대부분의 다른 장치들보다 단연 낫다.

03 □□□
affect
[əfékt]

ⓥ ~에게 영향을 미치다 [= influence], ~인 체하다
ⓝ 감정

Stress can affect people's ability to sleep.
스트레스는 사람들의 수면 능력에 영향을 미칠 수 있다.

affection ⓝ 애정, 사랑
affected ⓐ 영향받은, 가장한

04 □□□
ample
[ǽmpl]

ⓐ 충분한, 풍부한, 넓은 [= abundant, plentiful]

This provided ample grazing land for animals.
이것은 동물들을 위한 광대한 풀밭을 제공했다.

05 □□□
apparent
[əpǽrənt]

ⓐ 명백한, 분명한 [= evident]

The apparent cause of his illness has yet to be determined.
그의 질병의 명백한 원인은 아직 밝혀지지 않았다.

06 ☐☐☐	**attract** [ətrǽkt]	ⓥ 끌어당기다, (관심을) 모으다, 유혹하다

The island's beaches attract tourists from many different countries.
그 섬의 해변은 여러 다른 나라의 관광객들을 끌어 모은다.

attraction ⓝ 매력, 볼거리

07 ☐☐☐	**bankrupt** [bǽŋkrʌpt]	ⓐ 파산한, 지불 능력이 없는

Small business owners can receive no government protection if they go bankrupt.
자영업자는 그들이 파산한다면 정부의 보호를 받을 수 없다.
go bankrupt (파산하다)

bankruptcy ⓝ 파산, 도산

08 ☐☐☐	**boost** [buːst]	ⓥ 늘리다, 증가하다 ⓝ 부양, 향상

The company is expected to boost its pretax profits.
그 회사는 세금 전 이익을 촉진할 것으로 기대된다.

It helps to boost the immune system and lower the risk of disease.
그것은 면역체계를 증진하고 질병의 위험을 낮춥니다.

09 ☐☐☐	**cease** [siːs]	ⓥ 그만두다, 중지하다

They voted to cease strike action immediately.
그들은 파업을 즉시 중단시키기 위해 투표를 했다.

Welfare payments cease as soon as an individual starts a job.
복지 수당은 개인이 일을 시작하는 대로 바로 중단된다.

10 ☐☐☐	**classify** [ˈklæsɪfaɪ]	ⓥ 분류하다 [= sort, categorize]

Biologists classify all living organisms into species.
생물학자들은 모든 살아있는 유기체들을 종으로 분류한다.

Aurora is classified based on colors.
오로라는 색깔에 의해 분류됩니다.

class ⓝ 종류, 계층
classification ⓝ 분류

DAY 02

23

DAY 02

11 concern
[kənsə́ːrn]

ⓝ 걱정, 근심, 배려, 관심사 ⓥ 문제로 삼다, 걱정하다

Our main concern is making the delivery on time.
우리의 주된 걱정은 제 시간에 배달을 하는 것이다.

Don't concern yourself with such trivialities.
그런 시시한 일에 관여하지 마라.

12 contribute
[kəntríbjuːt]

ⓥ 공헌하다, 기부하다, 기고하다

Immigrants have contributed to British culture in many ways.
이민자들이 영국 문화에 여러모로 기여를 해 왔다.

contribution ⓝ 기부, 공헌

13 defect
[díːfekt]

ⓝ 결함, 결점

The baby has mental retardation because of a birth defect.
그 아기는 선천적 결함으로 인해 정신지체를 앓고 있다.

defective ⓐ 결함이 있는

14 demolish
[dimáliʃ]

ⓥ 철거하다, 허물다 [= destroy, knock down]

The factory is due to be demolished next year.
그 공장은 내년에 철거될 예정이다.

demolition ⓝ 파괴, 폐허

15 despair
[dispέər]

ⓥ 절망하다, 단념하다 ⓝ 절망

The woman was left in despair after her husband passed away.
그 여성은 남편이 사망하고 절망에 빠졌다.

이현아 취향저격 지텔프 어휘 900

16 □□□	**disrupt** [dɪsrʌpt]	ⓥ 방해하다, 지장 주다 It disrupts wildlife activity. 그것은 야생 동물의 활동을 방해한다. Engaging the head only disrupts the muscle memory. 머리를 가담시키는 것은 근육 기억을 방해할 뿐이다. disruption ⓝ 방해, 붕괴, 혼란
17 □□□	**diverse** [dɪvə́ːrs]	ⓐ 다양한, 별개의 Biologists found that the island posses diverse plant life. 생물학자들은 그 섬이 다양한 식물을 보유한다는 것을 발견했다.
18 □□□	**drain** [dreɪn]	ⓥ (액체 따위를) 빼내다 ⓝ 배수관 Miners built the tunnel to drain water out of the mines. 광부들은 광산에 있는 물을 밖으로 빠져 나가게 하기 위해서 굴을 팠다.
19 □□□	**dump** [dʌmp]	ⓥ 털썩 내려놓다, 내버리다, (사람을) 차버리다 ⓝ 쓰레기 더미, 쓰레기 수거장 Millions of tons of garbage are dumped into the oceans every year. 매년 바다로 수백만 톤의 쓰레기가 버려진다.
20 □□□	**embarrassed** [imbǽrəst]	ⓐ 당황한, 쑥스러운, (재정적으로) 곤란한, 파산한 [= bankrupt] His business was embarrassed for a time by lack of funds. 그의 사업은 자금 부족으로 일시 곤란한 상황이 되었다. embarrass ⓥ 당황하게 하다 embarrassing ⓐ 난처한 embarrassment ⓝ 어색함

21 □□□ **emphasize**
[emfəsaɪz]

ⓥ 강조하다. [= highlight, stress, underline]

The documentary emphasizes the need to fight pollution.
그 다큐멘터리는 환경오염에 맞서야 하는 필요성을 강조했다.

emphasis ⓝ 강조, 주안점

---

22 □□□ **flourish**
[flɜːrɪʃ]

ⓥ 번성하다, 잘 자라다 ⓝ 장식체

Coffee shops and cafes continue to flourish in many Asian countries.
커피숍과 카페는 많은 아시아 국가에서 번성하고 있다.

flourishing ⓥ 번성하는, 무성한

---

23 □□□ **forbid**
[fərbíd]

forbid - forbade - forbidden

ⓥ 금하다, 허락하지 않다 [= prohibit]

Nina Khan faces the pain of having a crush when her parents forbid her to date.
니나 칸은 부모님이 데이트를 금지하자 짝사랑의 고통에 직면한다.

My doctor has forbidden me sugar.
나의 의사는 나에게 설탕을 금지시켰다.

forbid A to do (A가 ~ 하는 것을 금하다)

---

24 □□□ **impair**
[impέər]

ⓥ 손상시키다, 해치다

Lack of sleep can impair your concentration and judgement.
수면 부족은 당신의 집중력과 판단력을 손상시킬 수 있다.

---

25 □□□ **indifferent**
[ɪndɪfrənt]

ⓐ 무관심한, 냉담한 [= unconcerned, unmoved]

The celebrity is indifferent to what critics say about her.
그 유명 인사는 비평가들이 그녀에 대해 말하는 것에 무관심하다.

이헌아 취향저격 지털프 어휘 900

| 26 □□□ | **infection** [inféksən] | ⓝ 감염, 전염병

When Paterson was an infant, he had an eye infection.

Paterson은 아기였을 때, 눈에 병균이 감염되었다.

infect ⓥ 감염시키다 |

| 27 □□□ | **initiate** [iníʃièit] | ⓥ 시작하다, 착수하다 [= launch]

The government has initiated a programme of economic reform.

정부에서 경제 개혁 프로그램을 착수시켰다.

initial ⓐ 초기의
ⓝ 머리글자 |

| 28 □□□ | **insist** [ɪnsɪst] | ⓥ 주장하다, 고집하다, 강요하다

He insisted (that) he was innocent.

그는 자신이 무죄라고 주장했다.

insist on (~을 주장하다)

insistence ⓝ 주장, 고집 |

| 29 □□□ | **issue** [íʃuː] | ⓥ 발행하다 [= publish] ⓝ 문제, 쟁점

Then we'll issue you a replacement passport.

그러면 저희가 임시여권을 발급해 드리도록 하겠습니다. |

| 30 □□□ | **multiply** [mʌ́ltəplài] | ⓥ 증가시키다, 곱하다, 번식하다

Many insects multiply rapidly in humid weather.

많은 곤충들은 습한 날씨에 빠르게 번식한다. |

DAY 02

27

31 □□□	**nervous** [nɜːrvəs]	ⓐ 불안한, 신경질의

Speaking in front of an audience makes me nervous.
청중 앞에서 말하는 것은 나를 긴장하게 만든다.

32 □□□	**obesity** [oubiːsəti]	ⓝ 비만

There seems to be a direct link in America between obesity and fast food.
미국에서 비만과 패스트푸드 간에는 직접적인 관련이 있어 보인다.

Health experts say too much salt can cause obesity and heart disease.
건강 전문가들은 너무 많은 소금섭취는 비만과 심장병을 유발할 수 있다고 말한다.

obese ⓐ 뚱뚱한, 비만의

33 □□□	**relevant** [reləvənt]	ⓐ 관련이 있는, 적절한

She marked the sentences in the article that were relevant to her research.
그녀는 그녀의 연구와 관련 있는 기사의 문장에 표시를 했다.

relevance ⓝ 관련성, 적절함

34 □□□	**reputation** [rèpjutéiʃən]	ⓝ 평판, 명성

Rumors about the actor's personal life have damaged his reputation.
그 배우의 사생활에 대한 소문은 그의 평판을 훼손했다.

reputative ⓐ 반박하는, 논박하는

35 □□□	**restore** [ristɔːr]	ⓥ 회복하다, 복구하다.

They are restoring the old statue to its original condition.
그들은 오래된 조각상을 그것의 원래 상태로 복원하고 있다.

restoration ⓝ 복원, 복구

36 □□□	**reverse** [rivə́ːrs]	ⓥ 거꾸로 하다, 뒤집다, ⓐ 역의, 부작용의 The experiment had the reverse effect to what was intended. 그 실험은 의도했던 것에 정반대되는 영향을 주었다.
37 □□□	**seize** [siːz]	ⓥ 꽉 쥐다, 빼앗다, 파악하다. She seized the last donut from her brother's hand. 그녀는 남동생의 손에서 마지막 남은 도넛을 빼앗았다.
38 □□□	**severe** [sɪvɪr]	ⓐ 심한, 엄함, 가혹한 The smell of the freshly painted walls gave her a severe headache. 새로 칠해진 벽의 냄새는 그녀에게 심한 두통을 일으켰다. severely ⓐⓓ 심하게
39 □□□	**shrink** [ʃrɪŋk]	shrink – shrank - shrunk ⓥ 줄어들다 ⓝ 수축 I do not shrink from this responsibility. 나는 이런 책임을 회피하지 않는다. My sweater shrank in the wash. 내 스웨터가 물에 빨았더니 줄어들었다.
40 □□□	**substantial** [səbstǽnʃəl]	ⓐ 상당한, 많은, 실질적인 He won the election by a substantial number of votes. 그는 상당한 표를 얻어 선거에서 승리했다. substance ⓝ 물질, 실체 substantially ⓐⓓ 상당히, 충분히

DAY 02

41 ☐☐☐	**abate** [əbéit]	ⓥ 약해지다, 누그러뜨리다 [= alleviate] The hikers stayed inside a cave to wait for the storm to abate. 등산객들은 폭풍이 누그러지기를 기다리며 동굴 안에 머물렀다. The heavy snow showed no signs of abating. 폭설이 수그러들 기미가 전혀 보이지 않았다.
42 ☐☐☐	**alien** [éiljən]	ⓝ 외국인, 외계인 ⓐ (나라, 인종, 문화) 이질적인, 외계의 Foreigners living in America are required to carry alien cards. 미국에 사는 외국인들은 외국인 카드를 소지해야 한다.
43 ☐☐☐	**approximate** ⓥ [əprɑ́ːksɪmeɪt] ⓐ [əprɑ́ːksɪmət]	ⓐ 근사치의 ⓥ 추정하다, 어림잡다, 사실에 가깝다 Use these figures as an approximate guide in your calculations. 이들 수치는 계산을 할 때 근사치를 보여주는 지침으로 이용하라. His story approximates to the facts that we already know. 그의 이야기는 우리가 이미 알고 있는 사실에 가깝다.
44 ☐☐☐	**compromise** [kɑ́ːmprəmaɪz]	ⓥ 손상하다, 타협하다 ⓝ 타협, 양보 After lengthy talks the two sides finally reached a compromise. 오랜 회담 끝에 양측이 마침내 타협에 이르렀다. arrive at a compromise (타협에 이르다)
45 ☐☐☐	**contagious** [kənteɪdʒəs]	ⓐ 전염성의, 옮기기 쉬운 This must have been a contagious fear for it seems to have started with the ancient belief. 오래된 믿음 때문에 이것은 전염성이 있는 공포였음에 틀림없다. Yawning is contagious not only among humans but also among primates. 하품은 인간들 뿐 아니라 영장류들 사이에서도 전염된다.

이현아! 취향저격 지텔프 어휘 900

46 ☐☐☐	**deteriorate** [dɪtɪriəreɪt]	ⓥ 악화되다, 상황을 나쁘게 만들다 [= worsen, make worse, aggravate] The security situation has continued to deteriorate. 보안 상태가 계속 악화되어 왔다. deterioration ⓝ 악화, 하락, 저하
47 ☐☐☐	**distort** [dɪstɔːrt]	ⓥ 왜곡하다, 비틀다 distort our perception of smell 냄새에 대한 우리의 인식을 왜곡하다. Magazines are often accused of distorting society's perception of beauty. 잡지는 흔히 아름다움에 대한 사회의 인식을 왜곡시키는 것으로 비난을 받는다. distorted ⓐ 왜곡된, 비틀린
48 ☐☐☐	**encounter** [inkáuntər]	ⓥ (위험) 우연히 만나다 [= run(come) across, bump into] ⓝ (우연한) 만남 situations the students encounter 학생들이 접하는 상황 They encountered a number of difficulties in the first week. 그들은 첫째 주에 많은 어려움들에 부딪쳤다.
49 ☐☐☐	**erect** [ɪrekt]	ⓥ 세우다, 짓다 [= build, found], ⓐ 똑바로 선, 직립의 Police had to erect barriers to keep crowds back. 사람들이 다가오지 못하도록 경찰이 장애물을 세워야 했다.
50 ☐☐☐	**forge** [fɔːrdʒ]	ⓥ 구축하다, 형성하다 [= form], 위조하다 They agreed to forge closer economic ties. 그들은 좀 더 긴밀한 경제적 유대 관계를 맺기로 합의했다.

DAY 02

이현아 취향저격 지텔프 어휘 900

51 ☐☐☐	**genuine** [dʒenjuɪn]	ⓐ 진실한, 진정한, 진짜의 [= authentic]

source of genuine freedom
진정한 자유의 원천

Fake designer watches are sold at a fraction of the price of the genuine article.
가짜 디자이너 시계가 진품 가격의 극히 일부 가격에 팔리고 있다.

52 ☐☐☐	**hailed** [heɪl]	ⓐ 호평 받는 [= praised]

The movie was hailed by critics.
그 영화는 비평가들에게 호평을 받았다.

hail ⓥ (훌륭한 것으로) 묘사하다, 호평하다

53 ☐☐☐	**integral** [ɪntɪɡrəl]	ⓐ 필수적인, 없어서는 안 될 [= essential, indispensable]

integral to the goal of achieving sustainable tourism
지속 가능한 관광을 달성하고자 하는 목표에 필수적인

Music is an integral part of the school's curriculum.
음악은 학교 교과과정의 필수 요소이다.

54 ☐☐☐	**marginally** [mɑːrdʒɪnəli]	ⓐⓓ 미미하게, 아주 조금

This might be marginally effective.
이것은 미미하게 효과가 있을 수도 있다.

Overall market share was marginally improved.
전체적인 시장 점유율이 아주 조금 향상되었다.

55 ☐☐☐	**multitudinous** [mʌltɪtuːdɪnəs]	ⓐ 무수히 많은, 다수의

The multitudinous questions arising from this debacle remain unanswered.
그리고 이 실패로부터 생긴 무수히 많은 질문들은 해답이 없는 채 남겨진다.

multitude ⓝ 다수, 군중

56 □□□	**opponent** [əpoʊnənt]	ⓝ 상대, 반대자 ⓐ 반대하는 win over an opponent team 상대에게 선수를 치다 His eyes fix on the body parts of his opponents. 그의 시선은 상대의 신체 부위에 고정되어 있다.
57 □□□	**patronize** [peɪtrənaɪz]	ⓥ 후원하다 [= support, finance], 애용하다. They have patronized this restaurant since they first met. 그들은 그들의 첫 만남 이후로 이 식당에 자주 다니고 있다. patron ⓝ 후원자, 고객
58 □□□	**prototype** [proʊtətaɪp]	ⓝ 원형, 모델, 견본 [= model] High-tech companies and universities have unveiled prototypes of the cars of the future. 첨단과학 기술 회사들과 대학들이 미래 자동차의 견본을 공개했습니다.
59 □□□	**recipient** [rɪsɪpiənt]	ⓝ 수령인 [= receiver] Recipient must be home at time of delivery. 수령인은 배달 시가에 집에 있어야 합니다.
60 □□□	**vulnerable** [vʌlnərəbl]	ⓐ 취약한, 공격받기 쉬운, 연약한 [= susceptible] vulnerable to fire and water 물과 불에 취약한 She suddenly felt vulnerable in this isolated area of the road. 그녀는 도로의 이 외딴곳에서는 공격받기 쉽다는 느낌이 갑자기 들었다.

DAY 02

DAY
03

이현아
취향저격
G-TELP
어휘 900

□ abnormal
□ account
□ adjacent
□ advent
□ alleviate
□ alter
□ amenable
□ amend
□ appropriate
□ blunder
□ book
□ consent
□ consist of
□ console
□ control
□ correlate
□ criticize
□ deplete
□ describe
□ despise

□ determine
□ displace
□ durable
□ estimate
□ exert
□ explicit
□ fine
□ identify
□ impart
□ improvement
□ impulsive
□ indigenous
□ ingenious
□ inhabit
□ involve
□ juvenile
□ manufacture
□ novel
□ numerous
□ particularly

□ pick out
□ postpone
□ practical
□ precaution
□ predict
□ proliferate
□ punctuality
□ qualified
□ real estate
□ recognize
□ reliable
□ replenish
□ require
□ respect
□ rewarding
□ shallow
□ spew
□ strike
□ symbolize
□ traumatize

DAY 03

01 ☐☐☐	**abnormal** [æbnɔ́ːrməl]	ⓐ 비정상적인 [= unusual] They thought his behaviour as abnormal. 그들은 그의 행동이 비정상적이라고 생각했다. abnormality ⓝ 비정상
02 ☐☐☐	**account** [əkáunt]	ⓥ 설명하다, 간주하다, 책임지다, ⓝ (은행) 계좌, 설명, 책임 It is impossible to account for tastes in a word. 맛에 대해 한 마디로 설명하는 것은 불가능하다. accountable ⓐ 책임이 있는
03 ☐☐☐	**advent** [ǽdvent]	ⓝ 출현, 도래 Since the advent of jet aircraft, travel has been sped-up. 제트기의 출현 이후 여행이 가속화되었다.
04 ☐☐☐	**alleviate** [əlíːvieɪt]	ⓥ 완화시키다, 누그러뜨리다. [= soothe, relieve, ease, calm, allay] It also helps you lose weight and alleviate stress. 이것은 또한 체중 조절을 하고 스트레스를 줄여주는데 도움을 준다.
05 ☐☐☐	**alter** [ɔ́ːltər]	ⓥ 변경하다, 고치다. The landscape has been radically altered, severely damaging wildlife. 자연 경관이 급격히 변해서 야생동식물들에게 극심한 피해를 주고 있다. alteration ⓝ 변경, 수정

06 □□□	**amend** [əménd]	ⓥ 수정하다, 개정하다 [= revise, rectify] Congress may amend the proposed tax bill. 의회는 제출된 조세법안을 수정할 수도 있다.
07 □□□	**book** [buk]	ⓝ 책 ⓥ 예약하다 [= reserve] Tylor phoned the hotel to book a room for me to stay in. Tylor는 내가 머물 방을 예약하기 위해 호텔로 전화했다.
08 □□□	**consent** [kənsént]	ⓝ 동의, 허락 ⓥ 동의하다 Do not distribute without prior written consent. 사전 서면 동의 없이 배포할 수 없습니다.
09 □□□	**consist of**	ⓥ ~으로 구성되어 있다. [= be made up of] The committee consists of ten members. 그 위원회는 열 명의 위원들로 구성된다.
10 □□□	**control** [kəntróul]	ⓥ 관리하다, 통제하다, 규제하다 ⓝ 통제, 억제 The whole territory is now controlled by the army. 그 영토 전체가 이제는 군대의 통제를 받고 있다.

DAY 03

11 criticize
□□□ [krítəsàiz]

ⓥ 비평하다, 비판하다

One may criticize policymakers for taking belated action.
누군가는 국회의원들이 시기 늦은 조치를 했다고 비판을 할 수도 있다.

critic ⓝ 비평가
criticism ⓝ 비평, 비판

12 describe
□□□ [diskráib]

ⓥ 묘사하다 [= depict], 서술하다

His novels nicely describe life in Britain between the wars.
그의 소설들은 양 대전 사이의 영국 생활을 정확히 묘사하고 있다.

13 despise
□□□ [dispáiz]

ⓥ 경멸하다, 혐오하다 [= dislike] ↔ [respect 존경하다]

They should not despise a man because he is poor.
그들은 그가 가난하다고 무시해서는 안 된다.

14 determine
□□□ [ditə́:rmin]

ⓥ 결정하다, 결심하다

Genes determine the characteristics of every living thing.
유전자는 모든 생물의 특성을 결정한다.

determination ⓝ 결정, 투지

15 displace
□□□ [displéis]

ⓥ 대신하다, 교체하다

Gradually factory workers have been displaced by machines.
공장 일꾼들이 차츰 기계로 대체되었다.

16 ☐☐☐	**durable** [djúərəbl]	ⓐ 내구성이 강한, 오래가는 [= long-lasting, solid] It's one of the durable goods. 이것은 내구성이 좋은 상품 중 하나입니다.
17 ☐☐☐	**estimate** [éstəmèit]	ⓥ 추정하다, 견적 내다, ⓝ 견적(서) This is very much different from the original estimate. 이것은 당초의 견적과 크게 다르다.
18 ☐☐☐	**exert** [igzə́ːrt]	ⓥ (능력, 권한을) 행사하다, 노력하다 The government will exert an effort to restore the facility. 정부는 그 시설을 복구하기 위해 노력을 기울일 것이다.
19 ☐☐☐	**fine** [fain]	ⓐ 좋은, 미세한 ⓝ 벌금, 연체료 She has already paid over $2000 in fines. 그녀는 이미 벌금으로 2,000달러를 넘게 냈다. You really need a magnifying glass to appreciate all the fine detail. 모든 미세한 세부적인 부분을 감상하려면 정말 확대경이 필요하다.
20 ☐☐☐	**identify** [aidéntəfài]	ⓥ 확인하다, 찾다, 발견하다 Scientists have identified a link between diet and cancer. 과학자들이 식습관과 암 사이의 관련성을 발견했다. identity ⓝ 정체성, 신원 identical ⓐ 동일한

DAY 03

39

이현아 취향자격 지털프 어휘 900

21
□□□

improvement
[imprúːvmənt]

ⓝ 향상, 개선

It is not a sign of a long-term improvement.
장기적인 개선의 징후가 아니다.

improve ⓥ 향상시키다, 나아지다

22
□□□

inhabit
[inhǽbit]

ⓥ 살다, 거주하다

Countless bad bacteria inhabit our mouths.
입안에는 무수한 양의 해로운 세균이 살고 있답니다.

A large number of monkeys inhabit this forest.
많은 수의 원숭이들이 이 숲에 서식합니다.

inhabitant ⓝ 주민, 서식동물
inhabitation ⓝ 거주, 서식
inhabitable ⓐ 거주에 적합한

23
□□□

involve
[inválv]

ⓥ 포함하다

Some involve easy steps to avoid misunderstandings.
그 중에는 실수를 방지하기 위한 간단한 조치가 포함되어 있다.

be involved in (~에 관련되다)

involvement ⓝ 포함

24
□□□

manufacture
[mænjufǽktʃər]

ⓥ 제조하다, 생산하다 ⓝ 생산, 제조

The manufacture of that type of gun is illegal now.
그런 형태의 총을 제조하는 것은 이제 불법이다.

manufacturer ⓝ 제조사

25
□□□

numerous
[njúːmərəs]

ⓐ 많은 [= countless]

It involved numerous small wars around the world.
그것은 전 세계적으로 수많은 작은 전쟁들과 관련되었다.

26 □□□	**pick out**	ⓥ 골라내다, 선별하다. [= select] She couldn't pick out things in the dark. 그녀는 어둠 속에서 물건을 식별하지 못하였다.

27 □□□	**postpone** [poustpóun]	ⓥ 연기하다, 미루다. [= delay, put off] We all agreed that we'd better postpone the game for a week. 우리 모두는 게임을 일주일 연기하는 게 좋겠다고 의견을 같이했다.

28 □□□	**practical** [prǽktikəl]	ⓐ 실용적인 This sounds like a very practical plan. 이것은 아주 실제적인 계획인 듯하다. They produced pottery for practical use. 그들은 실용적인 용도로 도자기를 생산했다.

29 □□□	**precaution** [prikɔ́ːʃən]	ⓝ 예방책, 예방 조치 You should take precaution to prevent car accidents. 자동차 사고가 일어나지 않도록 조심해야 한다. precaucious ⓐ 신중한

30 □□□	**predict** [pridíkt]	ⓥ 예상하다 Some animals have the ability to predict earthquakes. 동물 중에는 지진을 예지하는 능력을 가진 것이 있다. prediction ⓝ 예상, 기대

DAY 03

이취업 취향자격 지텔프 어휘 900

31
☐☐☐
qualified
[kwáləfàid]

ⓐ 자격을 갖춘, 적격의 [= eligible]

Qualified service personnel must perform these procedures.
인증된 서비스 전문가가 이 절차를 수행해야 합니다.

qualify ⓥ 자격을 얻다, 자격을 주다

32
☐☐☐
real estate

ⓝ 부동산(시장), 부동산 중개업소, 토지

I thought the real estate market was starting to loosen up.
난 부동산 시장이 풀리기 시작했다고 생각했는데요.

33
☐☐☐
recognize
[rékəgnàiz]

ⓥ 알아차리다, 인식하다. [= notice]

We'll recognize after the lapse of time that this was funny.
우리는 시간이 지난 뒤에야 이 일이 재미있었다는 것을 알았다.

34
☐☐☐
reliable
[riláiəbl]

ⓐ 믿을 수 있는, 신뢰할만한

I found him to be a very competent and reliable worker.
그는 매우 능력이 있고 믿을 수 있는 직원입니다.

rely ⓥ 의존하다, 믿다

35
☐☐☐
require
[rikwáiər]

ⓥ 요구하다.

His occupational duties require him to travel a lot.
그는 직업상 여행을 많이 해야 한다.

require A to do (A가 ~하도록 요구하다)

requirement ⓝ 요구사항

| 36 ☐☐☐ | **respect**
[rispékt] | ⓥ 존경하다. [= look up to] ⓝ 존경(심)

A deep mutual respect and understanding developed between them.
그들 사이에 서로에 대한 깊은 존경심과 이해심이 생겨났다.

respectful ⓐ 존경하는
respective ⓐ 각각의, 각자의 |

| 37 ☐☐☐ | **rewarding**
[riwɔːrdiŋ] | ⓐ 보람 있는, ～할 만한 가치가 있는

It's not a very exciting job but it's rewarding.
그다지 재미있는 직업은 아니지만 보람 있는 일이죠. |

| 38 ☐☐☐ | **shallow**
[ʃǽlou] | ⓐ 얕은 ↔ [deep 깊은], (지식 등이) 깊이가 없는, 피상적인

The stream is too shallow to swim in.
그 개울은 너무 얕아서 수영을 할 수가 없다. |

| 39 ☐☐☐ | **strike**
[straik] | strike - struck - struck

ⓥ 치다, 때리다 , 충돌하다, 부딪히다 [= crash], 떠오르다, 생각나다 ⓝ 파업

A brilliant idea just struck my head.
나한테 좋은 생각이 떠올랐다. |

| 40 ☐☐☐ | **symbolize**
[símbəlàiz] | ⓥ 상징하다

They symbolize birth, death and transformation.
이것들은 탄생, 죽음, 변화(변형)를 상징화한 것이다.

symbol ⓝ 상징, 기호 |

41 □□□	**adjacent** [ədʒeɪsnt]	ⓐ 인접한, 가까운 The new movie theater is adjacent to where she lives. 새 극장은 그녀가 사는 곳에서 가깝다.
42 □□□	**amenable** [əmíːnəbl]	ⓐ 동의하는 [= agreeable] ~을 잘 받아들이는 The Jordanian leader seemed amenable to attending a conference. 요르단 지도자는 회의 참석을 쾌히 수락하는 듯이 보였다.
43 □□□	**appropriate** ⓐ [əproupriət] ⓥ [ə|proupriett]	ⓐ 적절한, 적합한 ⓥ 도용하다, 횡령하다 Appropriate news items can provide a fresh way. 적절한 뉴스 기사는 신선한 방법을 제공할 수 있다. Some of the opposition party's policies have been appropriated by the government. 야당의 정책들 중 일부가 정부에 의해 도용되어 왔다.
44 □□□	**blunder** [blʌndər]	ⓝ 실수 ⓥ (어리석은) 실수를 하다 The government had blundered in its handling of the affair. 정부가 그 문제 처리에서 어리석게 실수를 했었다.
45 □□□	**console** [kənsóul]	ⓥ 위로하다, 힘내게 하다 Jane visited the earthquake-hit country alone to console the people. Jane은 지진 피해 입은 나라의 사람들을 위로하기 위해 혼자서 방문했다. Many people around her consoled her when she lost the game. 그녀가 경기에서 졌을 때 주변의 많은 사람들이 그녀를 위로했다.

46	**correlate**	ⓥ 서로 관련하다, 서로 관련시키다

☐☐☐ [kɔ́ːrəlèit]

The figures do not seem to correlate.
그 수치들은 연관성이 없어 보인다.

A search engine will easily retrieve correlated materials.
검색 엔진이 연관성 있는 자료들을 쉽게 검색할 것이다.

correlate A with B (A와 B를 서로 관련시키다)

correlation ⓝ 상호 관련, 상관 (관계)

47	**deplete**	ⓥ (자원을) 고갈시키다

☐☐☐ [dɪpliːt]

These chemicals are thought to deplete the ozone layer.
이 화학물질은 오존층을 감소시킨다고 생각된다.

depletion ⓝ 고갈, 소모

48	**explicit**	ⓐ 분명한, 명백한 [= distinct, evident, clear], 노골적인

☐☐☐ [ɪksplɪsɪt]

place explicit restrictions
명백한 규정을 만들다

The rules of waiting are usually not made explicit.
기다리는 규칙들은 보통 분명하게 드러나지 않는다.

49	**impart**	ⓥ 나누어 주다 [= give], 알리다 [= inform, notify]

☐☐☐ [impáːrt]

imparted by official agencies
공적인 기관에 의해 선해신

He plans to impart the same philosophy.
그는 동일한 철학을 전파할 계획이다.

50	**impulsive**	ⓐ 충동적인, 자극적인

☐☐☐ [ɪmpʌlsɪv]

They need to stop their chaotic and impulsive behavior.
그들은 무질서하고 충동적인 행동을 멈출 필요가 있다.

impulse ⓝ 충동, 자극

이취아 취향자격 지텔프 어휘 900

51 □□□	**indigenous** [ɪndɪdʒənəs]	ⓐ 토착의, 원시의 [= native] Indigenous and historical peoples would locate the self. 토착적이며 역사가 오래된 종족들은 자아의 위치를 가리킬 것이다.
52 □□□	**ingenious** [ɪndʒiːniəs]	ⓐ 기발한, 독창적인 [= creative, original, brilliant], 재능 있는 Many fish have ingenious ways of protecting their eggs from predators. 많은 물고기는 그들의 알을 포식자로부터 보호하기 위한 독창적인 방법들을 가지고 있다. Steve Jobs was one of the most ingenious men in America. 스티브 잡스는 미국에서 가장 재능 있는 사람 중 한명이었다. ingenuity ⓝ 재주, 독창력
53 □□□	**juvenile** [dʒuːvənl]	ⓐ 청소년의, 청소년기의 The school organizes clubs to provide juvenile with various extracurricular activities. 학교는 청소년들에게 다양한 과외 활동을 제공하기 위해 동아리들을 편성했다.
54 □□□	**novel** [nɑːvl]	ⓐ 새로운, 참신한, 진기한 ⓝ 소설 a literal adaptation of the novel 소설 원문에 충실한 각색 Good scientists will be ready to shift to a different point of view if better evidence or novel arguments emerge. 훌륭한 과학자들은 더 나은 증거나 참신한 주장이 나오면 다른 관점으로 바뀔 준비가 되어 있을 것이다.
55 □□□	**particularly** [pərtɪkjələrli]	ⓐ 특히나 [= specifically] Infants particularly are subject to this disease. 특히 유아들은 이 병에 걸리기 쉽다.

56 □□□	**proliferate** [prəlɪfəreɪt]	ⓥ 증식하다, 급증하다, 빠르게 확산되다 [= increase, propagate] Molds usually proliferate in rainy, humid conditions. 곰팡이는 보통 비 오고 습한 조건에서 빠르게 증식한다. Books and articles on the subject have proliferated over the last year. 지난 한 해 동안 그 주제에 대한 책과 기사가 급증했다.
57 □□□	**punctuality** [pʌŋktʃuǽləti]	ⓝ 시간 엄수 lack of punctuality 시간을 잘 지키지 못하는 것 He received a bonus for his punctuality. 그는 시간을 잘 지켜서 보너스를 받았다. <div align="right">punctual ⓐ 시간을 엄수하는</div>
58 □□□	**replenish** [rɪplenɪʃ]	ⓥ 채우다, 보충하다. Just imagine being able to replenish the dying cells. 죽어가는 세포를 다시 살릴 수 있다고 상상해 보아라.
59 □□□	**spew** [spjuː]	ⓥ 뿜어내다, 분출하다 [= eject] Flames spewed from the aircraft's engine. 비행기 엔진에서 불길들이 뿜어져 나왔다.
60 □□□	**traumatize** [trɑʊmətaɪz]	ⓥ 정신적 외상을 초래하다, 엄청난 충격을 주다 [= distress] Dr. Siemionow believed that face transplantation is a step forward to these traumatized patients. Siemionow 박사는 안면 이식이 이러한 외상을 입은 환자들을 향해 한발 진보한 것이라고 믿었다.

DAY 04

이현아

취향저격
G-TELP
어휘 900

□ accustom	□ essential	□ prerequisite
□ aging	□ establish	□ refuse
□ ailment	□ exhaust	□ relationship
□ ashamed	□ feature	□ relax
□ backcountry	□ harness	□ save
□ barrier	□ hybrid	□ scale
□ base	□ imperative	□ speech
□ borrow	□ installment	□ spouse
□ cause	□ integrate	□ spread
□ chaos	□ irrelevant	□ strive
□ confident	□ landmark	□ subsidy
□ conflict	□ liable	□ suburb
□ convert	□ manifest	□ succeed
□ costume	□ minimum	□ surface
□ counterproductive	□ neutral	□ tend
□ destination	□ observe	□ tradition
□ devastate	□ outscore	□ trouble
□ distinguish	□ period	□ unique
□ district	□ physical	□ voluntary
□ endow	□ pirate	□ warrant

DAY 04

01 □□□ **aging**
[éidʒiŋ]

ⓝ 노령화 ⓐ 늙어가는

Japan's aging population will cause serious social problems.
일본의 노령화 인구는 심각한 사회 문제를 초래할 것이다.

age ⓝ 나이, 시대
ⓥ 나이를 먹다

02 □□□ **ashamed**
[əʃéimd]

ⓐ 부끄러워하는, 수치스럽게 여기는

You should be ashamed of yourself for telling such lies.
당신은 그런 거짓말을 한 것에 대해 부끄러워해야 한다.

be ashamed of (~ 을 부끄러워하다)

shame ⓝ 수치심, 창피

03 □□□ **barrier**
[bǽriər]

ⓝ 장벽, 장애물 [= obstacle]

Lack of confidence is a psychological barrier to success.
자신감 부족은 성공을 가로막는 심리적 장애물이다.

04 □□□ **base**
[beis]

ⓝ 바닥, 토대, 기초 ⓥ 기초로 하다

I want to view the world based on the children's perception.
나는 아이들의 인식에 근거해서 세상 보기를 원한다.

05 □□□ **borrow**
[bárou]

ⓥ 빌리다

Most of the banks actively encourage people to borrow money.
대부분 은행은 사람들에게 돈을 빌리도록 적극적으로 권장하고 있다.

borrowing ⓝ 차용(물)

06	**cause**	ⓥ ~의 원인이 되다, 일으키다 ⓝ 원인 ↔ [effect 결과], 이유 [= reason]
□□□	[kɔːz]	

The exercise bike is the most common cause of injury.
자전거 운동기구는 부상의 가장 흔한 원인이다.

cause A to do (A가 ~하도록 유발하다)

07	**chaos**	ⓝ 혼란, 무질서
□□□	[kéias]	

Heavy snow has caused total chaos on the roads.
폭설로 도로가 완전 혼란에 빠졌다.

08	**confident**	ⓐ 자신만만한, 확신하는
□□□	[kánfədənt]	

They wants the children to feel confident about asking questions when they don't understand.
그들은 아이들이 이해하지 못했을 때 질문하는 것에 대해 자신감을 가지기를 원한다.

confidence ⓝ 자신감

09	**conflict**	ⓝ 갈등, 대립, 충돌 ⓥ 대립하다, 충돌하다
□□□	[kənflíkt]	

The president came into conflict with the National Assembly.
대통령은 국회와 갈등을 빚게 되었다.

10	**costume**	ⓝ (부대) 의상, 복장, (진동) 의상
□□□	[kástjuːm]	

Between acts, the actress changed from one costume to another.
막간에, 그 여배우는 이 의상에서 저 의상으로 갈아입었다.

51

이현아 취향저격 지텔프 어휘 900

11 ⬜⬜⬜	**destination** [dèstənéiʃən]	ⓝ 목적지, 행선지 It's going to take another 3 hours to our destination. 우리 목적지까지 3시간이 더 걸릴 것이다.
12 ⬜⬜⬜	**distinguish** [distíŋgwiʃ]	ⓥ 구별하다 [= differentiate], 특징짓다, 두드러지게 하다 She designed countless products which distinguished her as an innovative engineer. 그녀는 혁신적인 공학자로 그녀를 특징짓는 수많은 제품들을 디자인했다. It was hard to distinguish one twin from the other. 한 쌍둥이를 다른 한 명과 구별하기 어려웠다. distinguished ⓐ 탁월한, 두드러진, 현저한
13 ⬜⬜⬜	**district** [dístrikt]	ⓝ (행정구 등의) 지구, 구역 The store is located at the city's business district. 그 상점은 도시 상업지구에 위치하고 있다.
14 ⬜⬜⬜	**essential** [isénʃəl]	ⓐ 필수의, 기본적인 The museum is closed while essential repairs are being carried out. 박물관은 필수적인 보수가 진행되고 있어서 문을 닫았다.
15 ⬜⬜⬜	**establish** [istǽbliʃ]	ⓥ 설립하다, 수립하다, (사실) 입증하다 The school has established a successful relationship with the local community. 그 학교는 지역사회와 성공적인 관계를 수립하게 되었다. establishment ⓝ 설립, 제정 established ⓐ 자리를 잡은, 확립된

16 ☐☐☐	**feature** [fíːʧər]	ⓝ 생김새, 용모, ⓥ 특징으로 삼다, 배역을 시키다.

The film features Cary Grant as a professor.
그 영화에는 특히 Cary Grant가 교수로 나온다.

17 ☐☐☐	**integrate** [íntəgrèit]	ⓥ 통합하다.

He seems to find it difficult to integrate socially.
그는 사회적으로 통합하는 것이 어렵다는 것을 아는 것 같다.

These programs will integrate with your existing software.
이 프로그램들은 당신이 기존에 가지고 있는 소프트웨어와 통합이 된다.

integration ⓝ 통합, 동화

18 ☐☐☐	**landmark** [lǽndmàːrk]	ⓝ 유명한 지형지물, 획기적인 사건

The Empire State Building is a familiar landmark on the New York skyline.
엠파이어스테이트 빌딩은 뉴욕 스카이라인에서 친숙한 랜드마크이다.

19 ☐☐☐	**liable** [láiəbl]	ⓐ ~하기 쉬운, ~할 것 같은 [= likely, prone], 책임이 있는

We're all liable to make mistakes when we're tired.
우리는 모두 피곤하면 실수를 하기가 쉽다.

You will be liable for any damage caused.
야기되는 모든 손상에 대해서는 당신이 법적 책임을 지게 됩니다.

liability ⓝ 의무, 부채, 불리한 점

20 ☐☐☐	**minimum** [mínəməm]	ⓐ 최소의 ⓝ 최소, 최저

Congress has enacted a new minimum wage for workers.
국회는 노동자들의 새로운 최저 임금을 법으로 정했다.

53

21 □□□ **observe**
[əbzə́ːrv]

ⓥ 관찰하다 [= watch], (법 등을) 지키다 [= obey]

We can observe many birds from the mountaintop.
우리는 산꼭대기에서 많은 새들을 볼 수 있다.

observation ⓝ 관찰, 감시
observance ⓝ 준수, 따름

22 □□□ **period**
[píːəriəd]

ⓝ 기간, 시대, 마침표

The 1920s was an interesting period in US history.
1920년대는 미국 역사에서 흥미로운 시대였다.

23 □□□ **physical**
[fízikəl]

ⓐ 육체의, 물리학의

It is important to take care of one's physical appearance.
신체적 외모를 가꾸는 것은 중요하다.

physics ⓝ 물리학

24 □□□ **refuse**
[rifjúːz]

ⓥ 거절하다 ↔ [accept 받아들이다]

She refused to accept that there was a problem.
그녀는 문제가 있다는 사실을 받아들이기 거부했다.

refusal ⓝ 거절, 거부

25 □□□ **relationship**
[rɪleɪʃnʃɪp]

ⓝ 관계, 관련(성)

The relationship between the police and the local community has improved.
경찰과 지역 주민들과의 관계가 개선되었다.

relate ⓝ 관계시키다

26 □□□	**relax** [rilǽks]	ⓥ 쉬다, (긴장, 힘 등이) 풀리다, (긴장 등을) 늦추다, 힘을 빼다 As for me, I need to relax for a while. 나 같은 경우, 한동안 쉴 필요가 있어.
27 □□□	**save** [seiv]	ⓥ 구하다, 절약하다 I will save money by little by little. 나는 돈을 조금씩 모을 거야.
28 □□□	**scale** [skeil]	ⓝ 단계, 등급, 저울, 규모, (물고기의) 비늘 Each of the factors is given a weighting on a scale of 1 to 10. 각 요인들은 가중치가 등급으로 1에서 10까지로 주어진다.
29 □□□	**speech** [spiːtʃ]	ⓝ 연설 [= address, talk] The long speech shortened in a nutshell. 그 긴 연설은 간결하게 요약되었다. deliver a speech (연설하다)
30 □□□	**spouse** [spaus]	ⓝ 배우자, 남편, 아내 They are coming to marry Korean men who have difficulties finding Korean spouses. 그들은 한국인 배우자를 찾는데 어려움이 있는 한국인 남성들과 결혼하기 위해 오고 있다.

DAY 04

55

31 □□□	**spread** [spred]	spread - spread - spread ⓥ 확산되다, 퍼지다 ⓝ 확산, 증가 Dengue fever is a disease spread by mosquitoes that can be potentially fatal. 댕기열은 모기에 의해서 확산되는 질병으로 잠재적으로 치명적일 수 있다.
32 □□□	**strive** [straiv]	ⓥ 노력하다, 얻으려고 애쓰다 Olympic athletes strive to bring honor to their countries. 올림픽 선수들은 그들의 국가를 빛내기 위해 노력한다. strive to do (~ 을 하려고 노력하다) strive for N (~ 을 위해 노력하다) strife ⓝ 투쟁, 경쟁
33 □□□	**suburb** [sʌbəːrb]	ⓝ 교외, 시외 I live in a suburb and commute to the city every day. 나는 교외에 살면서 매일 시내로 통근한다. suburban ⓐ 교외의, 시외에 사는
34 □□□	**succeed** [səksíːd]	ⓥ 이루다, 성공하다 [= achieve], 뒤를 잇다, 계승하다 In addition, he succeeds in scoring a goal on basketball courts. 게다가, 그는 농구장에서 골을 넣는데 성공한다. succeed in (성공하다) succeed to (계승하다) succession ⓝ 일련, 연속, 계승, 상속 successor ⓝ 계승자, 후임자 successive ⓐ 연속하는, 잇따른 successful ⓐ 성공적인, 성공한
35 □□□	**surface** [səːrfis]	ⓝ 표면, 수면 There is a lot of dust on the surface of the desk. 책상 표면에 많은 먼지가 있다. on the surface (표면적으로는, 외관상으로는)

56

36 ☐☐☐	**tend** [tend]	ⓥ ~ 하는 경향이 있다. ~ 하기 쉽다, ~를 돌보다 I tend to sleep late on weekends. 나는 주말에 늦잠 자는 경향이 있다. tendency ⓝ 경향, 추세 tendance ⓝ 간호, 돌보기
37 ☐☐☐	**tradition** [trədíʃən]	ⓝ 전통, 관습 The extended-family structure in Korea has a long tradition. 대가족 제도는 한국의 오랜 전통이다. traditional ⓐ 전통적인
38 ☐☐☐	**trouble** [trʌbl]	ⓝ 곤란, 수고 ⓥ 괴롭히다 Some children fall asleep during class and get in trouble. 어떤 아이들은 수업 시간에 잠이 들어서 곤란해진다.
39 ☐☐☐	**unique** [juːníːk]	ⓐ 독특한, 유일한 [= single, unusual] Mt. Seorak boasts a unique natural setting each season. 설악산은 계절마다 독특한 경관을 자랑한다.
40 ☐☐☐	**voluntary** [váləntèri]	ⓐ 자발적인, 자원봉사의 ↔ [ɪnvoluntary 마음이 내키지 않는] I do some voluntary work at the local hospital. 나는 지역 병원에서 자원 봉사 일을 좀 한다. voluntarily ⓐ 자유의사로, 자발적으로 volunteer ⓝ 지원자, 자원봉사자 ⓥ 봉사하다, 자원하다

41
□□□

accustom
[əkʌstəm]

ⓥ 익숙하게 하다, 익히다

The nurse was more accustomed to sick people than to healthy ones.
그 간호사는 건강한 사람보다는 아픈 사람에게 더 익숙해져 있었다.

accustom oneself to (~ 에 익숙하게 만들다)
be accustomed to ~ ing (~ 하는 데 익숙하다)

42
□□□

ailment
[eɪlmənt]

ⓝ 질병 [= disease]

Depression is a stern ailment to be treated quickly.
우울증은 빨리 치료해야 하는 심각한 질병이다.

43
□□□

backcountry
[bækkʌntri]

ⓝ 오지, 시골

Scotch-Irish immigrants made the first wide use of logs when they moved to the backcountry of the Appalachian highlands after 1720.
스코트랜드계 아일랜드인 이민자들은 1720년이 지나 애팔래치아 고원의 오지로 이동했을 때 처음으로 통나무를 널리 사용했다.

44
□□□

convert
[kənvɜːrt]

ⓥ 전환시키다, 바꾸다 ⓝ 개종자, 전향자

The hotel is going to be converted into a nursing home.
이 호텔은 양로원으로 개조될 것이다.

Enzymes convert molecules into different products.
효소는 분자를 다른 생산물로 바꾼다.

45
□□□

counterproductive
[kaʊntərprədʌktɪv]

ⓐ 역효과를 내는

Having only optimistic visions is counterproductive.
낙관적인 비전만을 가지는 것은 역효과를 낳는다.

---

46 □□□	**devastate** [devəsteɪt]	ⓥ 황폐화시키다, 파괴하다, 비탄에 빠뜨리다 A terrible plague devastated much of Europe during the Middle Ages. 끔찍한 전염병은 중세 시대에 유럽의 대부분을 황폐화시켰다. devastating ⓐ 파괴적인
47 □□□	**endow** [ɪndaʊ]	ⓥ 기증하다, 부여하다 [= donate] The wealthy man endowed the hospital with a large donation. 그 부유한 남성은 병원에 고액의 기부금을 기증했다.
48 □□□	**exhaust** [ɪgzɔːst]	ⓥ 고갈시키다, 지치게 하다 ⓝ 배출, 배기가스 Resources in the area have been exhausted due to logging. 주변의 자원은 벌목으로 인해 고갈되었다. exhausted ⓐ 지친, 몹시 피곤한
49 □□□	**harness** [hɑːrnɪs]	ⓥ 이용하다, 동력화하다 The facility harnesses the power of falling water to generate electricity. 그 시설은 전기를 발생시키기 위해 낙수의 힘을 이용한다.
50 □□□	**hybrid** [haɪbrɪd]	ⓐ 잡종의 ⓝ 잡종, 혼합물 A rational action is a hybrid concept. 합리적인 행위란 혼합된 개념이다.

DAY 04

59

51 imperative
[ɪmperətɪv]

ⓐ 명령적인, 중요한, 긴요한 ⓝ 명령, 의무

It is imperative that depression be treated as soon as possible.
우울증은 반드시 가능한 한 빨리 치료해야 한다.

52 installment
[instɔ́ːlmənt]

ⓝ 할부, 분할금, 1회분

She paid for it on the installment plan.
그녀는 그것을 할부로 지불했다.

53 irrelevant
[ɪréləvənt]

ⓐ 무관한, 상관없는, 부적절한

irrelevant thoughts that enter your mental workspace
여러분의 정신이 작업하는 공간에 들어오는 무관한 생각들

Many people consider politics irrelevant to their lives.
많은 사람들이 정치가 자기 삶과 무관하다고 생각한다.

54 manifest
[mǽnɪfest]

ⓥ 나타내다, 드러내 보이다 ⓐ 명백한, 분명한

Fear manifests itself in many different ways.
두려움은 여러 가지 많은 방식으로 모습을 드러낸다.

manifestation ⓝ 표현, 표시, 표상

55 neutral
[núːtrəl]

ⓐ 중립의, 중립국의

Switzerland was neutral during the war.
스위스는 전쟁 중에 중립국이었다.

neutralize ⓥ 무효화시키다, 중립국으로 만들다

56 □□□	**outscore** [àutskɔ́:r]	ⓥ ~보다 많이 득점하다, 능가하다 They substantially outscore other minority groups on average scores on the SAT college entrance exam. SAT 대학입학시험 결과, 그들은 평균 점수로 다른 소수 그룹들을 월등히 능가했다.
57 □□□	**pirate** [páiərət]	ⓝ 해적, 표절자, 저작권 침해자 ⓥ 표절하다, 무단 복제하다 It is an adventure story about Caribbean pirates in the 17th century. 이것은 17세기 카리브해 해적에 관한 모험 이야기이다. Pirating movies is a serious problem in Korea. 영화를 불법 복제하는 것은 한국에서 심각한 문제이다.
58 □□□	**prerequisite** [pri:rekwəzɪt]	ⓝ 전제 조건, 필요조건 He meets all the prerequisites necessary for this job. 그는 이 일에 필요한 모든 전제 조건을 갖추고 있다. requisite ⓐ 필요한 ⓝ 필수품
59 □□□	**subsidy** [sʌbsədi]	ⓝ 보조금, 장려금 a government subsidy 정부 보조금 Farmers are protesting against farm subsidy cuts. 농부들은 농업 보조금 삭감에 반대하여 항의하고 있다. subsidize ⓥ 보조금을 주다
60 □□□	**warrant** [wɔ:rənt;wɑ:r-]	ⓝ 영장, 보증, 증명서 ⓥ 허가하다, 정당화하다 [= justify], 보증하다 Remember that diligence is a sure warrant for success. 근면은 성공의 확실한 보증임을 기억하라.

DAY 04

DAY
05

이현아

취향저격
G-TELP
어휘 900

□ assure
□ authorize
□ bond
□ broadcast
□ browse
□ bullay
□ collapse
□ commerce
□ committee
□ conduct
□ confound
□ contemporary
□ coworker
□ crisis
□ deceive
□ decorate
□ deduce
□ defend
□ devotion
□ diminish

□ disparage
□ dispense
□ drawback
□ empathy
□ employ
□ enable
□ exhibit
□ exotic
□ expire
□ fatal
□ fee
□ forthright
□ fortune
□ freeze
□ guess
□ habitually
□ herald
□ industry
□ infinite
□ inspired

□ license
□ massive
□ masterpiece
□ modern
□ nevertheless
□ notice
□ offense
□ outstanding
□ proscribe
□ protect
□ rage
□ rapid
□ religion
□ renowned
□ reward
□ take steps
□ toxic
□ unerring
□ vocational
□ weapon

01 ☐☐☐

broadcast
[brɔ́:dkæst]

broadcast - broadcast - broadcast

ⓥ 방송하다, 방영하다 ⓝ 방송, 방영

The film "Harry's Arctic Heroes" will be broadcast later this month.
그 영화 "Harry의 북극 영웅들"은 이번 달 말에 방송될 예정이다.

broadcasting station ⓝ 방송국

02 ☐☐☐

bulky
[bʌ́lki]

ⓐ 부피가 큰 [= massive, huge, immense], 다루기 힘든

Two people were needed to lift the bulky mattress.
그 부피가 큰 매트리스를 들기 위해 두 사람이 필요했다.

On the other hand, E-books are useless without a bulky computer or a reader.
반면, 전자책은 부피가 큰 컴퓨터나 리더가 없으면 소용이 없다.

03 ☐☐☐

commerce
[kámə:rs]

ⓝ 상업, 교역, 무역 [= trade]

Japan's commerce laws are much stricter than in most other countries.
일본의 상업법은 대부분의 나라들보다 훨씬 더 엄격하다.

commercial ⓐ 상업의, 영리적인
ⓝ 상업 광고

04 ☐☐☐

committee
[kəmíti]

ⓝ 위원회

The committee were divided on the question.
그 문제에 관해서 위원회의 의견은 갈라졌다.

05 ☐☐☐

conduct
[kándʌkt]

ⓥ 수행하다, (조사, 연구 따위를) 실시하다, 처리하다 [= handle, address]

We will conduct background checks on potential employees.
저희는 직원을 채용하기 전에 배경 조사를 실시합니다.

06 □□□	**coworker** [kóuwə̀ːrkər]	ⓝ 동료, 같이 일하는 사람 [= colleague] I have had problems with coworkers because of personality differences. 나는 성격 차이 때문에 동료들과 문제가 있다.
07 □□□	**exotic** [igzátik]	ⓐ 외래의, 이국적인 [= foreign, external, alien] ⓝ 외래종, 외래물 Some of the most exotic birds are found in Australia. 몇몇 종류의 외래종 새들은 호주에서 발견된다. He painted several exotic landscape paintings of wild animals and dense jungles. 그는 야생 동물과 우거진 정글의 몇몇 이국적인 풍경화들을 그렸다.
08 □□□	**crisis** [kráisis]	ⓝ 위기, 중대한 국면 the government's latest economic crisis 그 정부의 최근 경제 위기 Many people lost their jobs due to the economic crisis. 많은 사람들이 경제적 위기 때문에 직장을 잃었다.
09 □□□	**decorate** [dékərèit]	ⓥ 장식하다, 꾸미다 They decorate their houses with beautiful Christmas trees and ornaments. 그들은 그들의 집들을 아름다운 크리스마스 나무와 장식품으로 장식한다. decoration ⓝ 장식, 꾸밈
10 □□□	**deduce** [didjúːs]	ⓥ 추론하다, 추정히디 [= concludc] Scientists deduced that other factors may have more influence on human longevity. 과학자들은 다른 요소들이 인간의 장수에 더 영향을 미쳤을지도 모른다고 추정했다.

DAY 05

65

11 □□□	**defend** [difénd]	ⓥ 막다, 지키다, 변호하다, 옹호하다

It is important for them to defend their territory and to protect their domain.
그들이 그들의 영역을 방어하고 그들의 분야를 보호하는 것은 중요하다.

defense ⓝ 방어, 수비
defensive ⓐ 방어적인

12 □□□	**devotion** [divóuʃən]	ⓝ 헌신, 전념

His devotion to his wife and family is touching.
아내와 가족에 대한 그의 헌신은 감동적이다.

devote ⓥ 헌신하다, 전념하다

13 □□□	**diminish** [dimíniʃ]	ⓥ 줄다, 감소시키다 [= decrease] ↔ [increase]

Doubts about his death diminish the blow to terrorists.
테러리스트들에게 그의 죽음에 대한 의심들은 충격을 약화시킨다.

14 □□□	**drawback** [drɔ́ːbæk]	ⓝ 단점, 결점 [= disadvantage, flaw, weakness, handicap]

One drawback of solar power is its high initial cost.
태양열 발전의 한 가지 결점은 그것의 높은 초기 비용이다.

This is the one major drawback of the new system.
이것이 그 새 시스템의 한 가지 주요 결점이다.

15 □□□	**employ** [implɔ́i]	ⓥ 고용하다

Wearing a uniform proves you are employed in a position.
유니폼을 입는 것은 여러분이 어떤 지위에 고용되어 있음을 증명한다.

employment ⓝ 고용
employer ⓝ 고용주
employee ⓝ 피고용인

이현아 취향저격 지텔프 어휘 900

16 ☐☐☐	**enable** [inéibl]	ⓥ ~ 할 수 있게 하다, 가능하게 하다 Language enables people to communicate the most basic information. 언어는 사람들이 가장 기본적인 정보를 의사소통하는 것을 가능하게 한다. Insulin enables the body to use and store sugar. 인슐린은 인체의 당 이용과 저장을 가능하게 한다. enable A to do (A가 to do 하는 것을 가능하게 하다)
17 ☐☐☐	**exhibit** [igzíbit]	ⓥ 전시하다 ⓝ 전시회, 전시품 The collection is one of the most popular exhibits at the museum. 이 수집품은 박물관에서 가장 인기 있는 전시 중 하나이다. exhibition ⓝ 전시회, (감정, 능력 등) 표출, 발휘
18 ☐☐☐	**fee** [fiː]	ⓝ (의사, 변호사 등에 대한) 보수, 사례금, (입장) 요금 There is a late fee for an overdue book. 연체된 책에는 연체료가 붙는다.
19 ☐☐☐	**fortune** [fɔ́ːrtʃən]	ⓝ 운, 행운 [= luck], 큰 재산, 부 [= wealth] She left most of her fortune to her grandchildren. 그녀는 재산의 대부분을 그녀의 손주들에게 남겼다. fortunate ⓐ 운이 좋은, 행운의 fortunately ⓐⓓ 운 좋게, 다행히
20 ☐☐☐	**freeze** [friːz]	freeze - froze - frozen ⓥ 얼다, 얼리다 ↔ [melt 녹다] ⓝ (물가, 임금의) 동결, 고정 When thermometer is below zero, water will freeze. 온도계가 영하이면, 물이 얼 것이다. freezer ⓝ 냉동고

DAY 05

67

21 guess
□□□ [ges]

ⓥ 추측하다, 알아맞히다 ⓝ 추측

I guess there are many good things about learning foreign languages.
나는 외국어를 배우는 것은 좋은 점이 많이 있다고 생각한다.

---

22 habitually
□□□ [həbítʃuəli]

@d 습관적으로, 상습적으로

In fact, more and more children habitually use bad words.
사실 더욱 더 많은 어린이들이 습관적으로 나쁜 말을 사용한다.

habit ⓝ 습관

---

23 industry
□□□ [índəstri]

ⓝ 산업, 공업

More jobs are created in hotels and other parts of the tourism industry.
더 많은 일자리가 호텔과 다른 관광 산업 분야에서 창출된다.

industrious ⓐ 부지런한

---

24 infinite
□□□ [ínfənət]

ⓐ 무한한, 한계가 없는 [= boundless]

The internet has opened up infinite possibilities.
인터넷은 무한한 가능성을 열었다.

infinitely @d 무한히, 한없이

---

25 license
□□□ [láisəns]

ⓝ 면허증, 면허, 허가 ⓥ 면허를 주다, 허가를 내주다

Under the new rules, all dogs will require a license.
새로운 규정 아래에 모든 강아지들은 허가증을 요구할 것이다.

이현아 취향저격 지털프 어휘 900

26 □□□	massive	ⓐ 대량의, 많은, 크고 육중한 Change on a massive scale can't take place in any democracy. 어떠한 민주주의에서도 대규모의 변화는 일어날 수 없다.

27 □□□	masterpiece [mǽstərpìːs]	ⓝ 걸작, 명작, 대표작 Her work is a masterpiece of contemporary literature. 그녀의 작품은 현대 문학의 대표작이다.

28 □□□	rage [reidʒ]	ⓥ 화를 내다, 맹렬하게 계속되다. ⓝ 분노, 격노, 강한 욕망 Debates raged among conservationists. 보호론자들 사이에서 논쟁이 맹렬하게 벌어졌다. He has a rage for collecting stamps. 그는 우표 수집에 미쳐 있다.

29 □□□	expire [ikspáiər]	ⓥ 만료되다, 끝나다 [= quit, terminate, cease] She renewed her newspaper subscription after it expired. 그녀는 신문 구독이 만료된 후 그것을 갱신했다. The term for their detention expires today. 그들의 구속기간은 오늘 끝난다. expiration ⓝ 만료, 종결 expired ⓐ 만료된

30 □□□	modest [mάdist]	ⓐ 겸손한, (상대적으로) 적은 James was typically modest about his achievements. James는 일반적으로 그의 성과에 대해 겸손하다. modesty ⓝ 겸손, 정숙

69

이현아 취향저격 지털프 어휘 900

31 ☐☐☐	**nevertheless** [nèvərðəlés]	ⓐ 그럼에도 불구하고 [= nonetheless] Nevertheless, everyone should be able to practice freedom of speech. 그럼에도 불구하고 모든 사람들은 표현의 자유를 실천할 수 있어야 한다.
32 ☐☐☐	**notice** [nóutis]	ⓝ 통지, 게시(물), 벽보, 주의 ⓥ 알아채다, 인지하다 He left the team without any notice. 그는 아무런 통지 없이 팀을 떠났다. take notice of (~ 에 주목하다) noticeable ⓐ 눈에 띄는, 두드러진
33 ☐☐☐	**offense** [əféns]	ⓝ 위반, 무례, 공격 The new law makes it a criminal offense to drink alcohol in public places. 그 새 법률은 공공장소에서 술 마시는 것을 형사상 범죄로 정했다. offend ⓥ 위반하다, 공격하다 offensive ⓐ 공격적인
34 ☐☐☐	**protect** [prətékt]	ⓥ 보호하다, 지키다 Wearing a bicycle helmet protects your head. 자전거 헬멧을 착용하는 것은 당신의 머리를 보호한다. protection ⓝ 보호 protective ⓐ 보호하는, 방어적인
35 ☐☐☐	**rapid** [rǽpid]	ⓐ 빠른, 급속한 [= radical, dramatic] Since the 18th century, the world's population has had rapid growth. 18세기부터 세계 인구는 빠른 증가를 겪었다.

36 □□□	**religion** [rilídʒən]	ⓝ 종교 They do not have freedom of religion and worship. 그들은 종교와 신앙의 자유를 갖고 있지 않다. religious ⓐ 종교의, 독실한
37 □□□	**renowned** [rináund]	ⓐ 유명한, 명성이 있는 [= famous] Miami is renowned for its various natural resources. 마이애미는 다양한 자연적인 자원으로 유명합니다.
38 □□□	**reward** [riwɔ́ːrd]	ⓝ 보상, 대가, 보상금 ⓥ 보답하다, 보상하다 In our society, you are rewarded for the things that you do. 우리 사회에서, 당신은 당신이 하는 일에 대해 보상을 받는다. rewarding ⓐ 보람이 있는, 가치 있는
39 □□□	**assure** [əʃúər]	ⓥ 보증하다, 확신시키다 [= ensure, guarantee, convince] The signs on the road assured us we were heading in the right direction. 도로에 있는 표지판은 우리가 옳은 방향으로 가고 있다는 것을 확신시켰다. assurance ⓝ 보증, 확신
40 □□□	**weapon** [wépən]	ⓝ 무기 It is true that salt has stronger power than weapons. 소금은 무기보다 강한 힘을 가지고 있다는 것이 사실이다.

DAY 05

도전! 65점 이상

41 □□□	**authorize** [ɔ́ːθəraɪz]	ⓥ 권한을 부여하다 [= give permission] Only the president can authorize the use of atomic bombs. 오직 대통령만이 원자폭탄의 사용을 허가할 수 있다. authority ⓝ 권한, 당국
42 □□□	**bond** [bɑːnd]	ⓝ 유대감, 결속력, 채권, 접착제 ⓥ 접착하다, ~을 담보로 잡히다 Each member of the group built a strong bond as they begin to trust each other. 서로를 믿기 시작하면서 그 조직의 구성원들은 강한 유대감을 구축했다.
43 □□□	**browse** [braʊz]	ⓥ 둘러보다, 훑어보다, 검색하다 ⓝ 검색, 탐색 browse an online shopping mall 온라인 쇼핑몰을 둘러보다 I found the article while I was browsing through some old magazines. 난 몇몇 옛날 잡지들을 훑어보다가 그 기사를 발견했다.
44 □□□	**collapse** [kəlǽps]	ⓥ 무너지다, 붕괴하다, 붕괴 [= breakdown] ⓝ 실패 The roof collapsed under the weight of snow. 지붕이 눈의 무게를 못 이기고 내려앉았다.
45 □□□	**confound** [kənfaʊnd]	ⓥ 당황스럽게 만들다, 어리둥절하게 하다 [= baffle, embarrass] People were confounded by the sudden rise in prices. 사람들은 갑작스러운 물가 상승에 당황했다.

46 □□□	**contemporary** [kəntempəreri]	ⓐ 동시대의, 현대의, 당대의 ⓝ 동년배, 동기생 The economic recession was contemporary with high unemployment. 경기 침체는 높은 실업률과 같은 시기였다. He has had great influence on contemporary American music. 그는 현대 미국 음악 역사에 위대한 영향을 남겨왔다.
47 □□□	**deceive** [dɪsiːv]	ⓥ 속이다, 배반하다 The man deceived many people into giving him money. 그 남자는 많은 사람들을 속여서 그에게 돈을 내주게 했다. deception ⓝ 속임수, 사기
48 □□□	**disparage** [dɪspærɪdʒ]	ⓥ 폄하하다, 경시하다, ~을 헐뜯다 [= despise, disdain, contemn] His tendency to disparage management got him fired. 경영진을 폄하하는 그의 성향은 그를 해고당하게 만들었다.
49 □□□	**dispense** [dɪspens]	ⓥ 제공하다, 나눠주다 [= distribute] A vending machine is a machine that dispenses items such as snacks or beverages to customers automatically. 자동판매기는 고객에게 자동적으로 스낵이나 음료 등을 제공하는 기계이다.
50 □□□	**empathy** [empəθi]	ⓝ 감정이입, 공감 The goal is empathy, which declines in medical students with every year they spend in medical school. 목표는 공감인데, 그 공감은 의대생들이 의대에서 한 해 한 해를 보내면서 감소한다.

DAY 05

73

51 □□□	**fatal** [feɪtl]	ⓐ 치명적인 [= detrimental] The drunk driver caused a fatal accident. 그 음주 운전자는 치명적인 사고를 일으켰다.
52 □□□	**herald** [herəld]	ⓥ 알리다, 예고하다 The falling leaves herald the coming of winter. 낙엽은 겨울이 곧 올 것이라는 것을 알린다.
53 □□□	**inspired** [ɪnspaɪərd]	ⓐ 영감 받은, ~에 영향 받은 The sci-fi-inspired series enters its second season. SF 영향을 받은 이 시리즈물은 두 번째 시즌을 맞이했습니다. <div align="right">inspire ⓥ 영감을 주다 inspiration ⓝ 영감</div>
54 □□□	**outstanding** [aʊtstændɪŋ]	ⓐ 뛰어난, 두드러진 [= striking, noticeable], 미해결의, 미지불의 Our team handed in an outstanding proposal to the committee. 우리 팀은 위원회에 우수한 기획안을 제출했다.
55 □□□	**proscribe** [prouskraɪb]	ⓥ 금지하다, 배척하다, 추방하다 Plans to proscribe smoking in public spaces have been approved. 공공장소에서 담배를 피우는 것을 금지하는 방안이 승인되었다.

56 □□□	**forthright** [fɔ́ːrθràɪt]	ⓐ 솔직한 [= candid, direct], 똑바른 be forthright in stating one's view 견해를 기탄없이 말하다. If your partner is forthright about what she wants, it's easier for you to learn about her. 만약 당신의 파트너가 무엇을 원하는지에 대해 솔직하다면, 당신이 그녀에 대해 알기란 더 쉬울 것이다.
57 □□□	**take steps**	조치를 취하다 [= measure, take action] The government needs to take steps to prevent sex crimes. 정부는 성 범죄를 막기 위해서 조치를 취하는 것이 필요해.
58 □□□	**toxic** [tɑ́ːksɪk]	ⓐ 유독성의, 중독의 [= poisonous] ↔ [harmless 해가 없는] toxic waste materials 유독성 폐기물 If your factory is dumping toxic wastes, then you should stop it immediately. 만약 당신의 공장이 유독성 폐기물을 방출하고 있다면 당신은 당장 그것을 중단해야 한다.
59 □□□	**unerring** [ʌnɜ́ːrɪŋ]	ⓐ 정확한 [= right, correct, accurate] Nick has an unerring instinct for a good business deal. Nick은 좋은 사업상 거래를 알아보는 정확한 본능을 가지고 있다.
60 □□□	**vocational** [voʊkéɪʃənl]	ⓐ 직업과 관련된, 직업의 special vocational education classes 특별한 직업 교육 수업들 The course has a vocational emphasis. 그 과정은 직업 교육에 역점을 둔다.

DAY 05

75

DAY
06

이현아

취향저격
G-TELP
어휘 900

□ apex
□ ban
□ blur
□ celebrated
□ component
□ conscious
□ construe
□ crime
□ cultivate
□ distress
□ ease
□ enroll
□ entity
□ eschew
□ exclude
□ facilitate
□ faculty
□ feast
□ formulate
□ hue

□ imply
□ inflation
□ intervene
□ item
□ lifespan
□ material
□ monitor
□ mundane
□ occur
□ pardon
□ pioneer
□ precise
□ predator
□ prefer
□ pregnant
□ prejudice
□ prevailing
□ prospective
□ protest
□ prove

□ rare
□ react
□ remain
□ remark
□ remind
□ repay
□ respiratory
□ revise
□ ritual
□ role
□ room
□ secondhand
□ secular
□ security
□ sheer
□ society
□ stance
□ tension
□ transport
□ unanimous

DAY 06

01 ☐☐☐	**ban** [bæn]	ⓥ 금지하다 ⓝ 금지

Our city bans drinking in public parks.
우리 시는 공원에서 술 마시는 것을 금지한다.

banned ⓐ 금지되어 있는

02 ☐☐☐	**blur** [blɜːr]	ⓥ 흐릿해지다, 모호해지다 ⓝ 모호, 흔들림

One reason why the definitions of words have blurred or changed over time is because of their misuse.
단어의 정의가 시간이 지나면서 모호해지거나 변화하는 이유 중 하나는 단어의 오용 때문이다.

blurred ⓐ 흐릿해진, 불분명한

03 ☐☐☐	**celebrated** [ˈselɪbreɪtɪd]	ⓐ 유명한, 저명한

He was a celebrated philosopher and historian.
그는 유명한 철학자이자 역사가였다.

celebrity ⓝ 유명인사
celebrate ⓝ 기념하다, 축하하다

04 ☐☐☐	**crime** [kraɪm]	ⓝ 범죄, 죄

The new mayor promised to reduce crime in the city.
새로운 시장은 도시의 범죄를 줄이겠다고 약속했다.

criminal ⓐ 범죄의
ⓝ 범인

05 ☐☐☐	**distress** [dɪˈstres]	ⓥ 괴롭히다 [= afflict, agonize] ⓝ 고통, 괴로움 [= suffering, misery, agony]

The woman in the hospital waiting room seemed to be in a lot of distress.
병원 대기실에 있는 그 여자는 매우 괴로워하는 것처럼 보였다.

이준우 취향저격 지텔프 어휘 900

06 □□□	**ease** [iːz]	ⓝ 편안함, 쉬움 ⓥ 덜다, 완화하다 [= alleviate] This medication will help to ease the back pain. 이 약은 허리 통증을 완화하는 데 도움이 될 것이다.
07 □□□	**enroll** [inróul,en-]	ⓥ 등록하다 [= register for], 입학하다 Students can enroll in up to two courses. 학생들은 두 강좌까지 등록할 수 있다.
08 □□□	**exclude** [ɪksklúːd]	ⓥ 제외하다, 차단하다, 추방하다 The estimated cost is a little low because it excludes taxes. 견적 원가는 세금을 제외하기 때문에 조금 낮다. exclusive ⓐ 독점적인, 유일한 ⓝ 독점권
09 □□□	**feast** [fiːst]	ⓝ 연회, 축제 The rival feast givers judged each other by the amount of food they provided. 연회를 여는 경쟁자들은 그들이 제공하는 음식의 양으로 서로를 평가했디.
10 □□□	**hue** [hjuː]	ⓝ 빛깔, 색조 We decorated the room in hues of blue and green. 우리는 파란색과 녹색 빛깔로 방을 장식했다.

DAY 06

79

11 □□□	**inflation** [infléiʃən]	ⓝ 인플레이션, 물가 상승 There has been a rampant case of grade inflation among Korean universities. 한국 대학들 사이에 학점 인플레이션이 만연하고 있다. inflate ⓥ 부풀리다, 과장하다
12 □□□	**item** [áitəm]	ⓝ 항목, 물건 She usually makes small items such as toothbrushes and combs. 그녀는 칫솔과 빗과 같은 작은 물건들을 보통 만든다.
13 □□□	**lifespan** [láifspæn]	ⓝ 수명 The average lifespan of a rabbit is about 5 to 10 years. 토끼의 평균수명은 약 5~10년이다.
14 □□□	**material** [mətíəriəl]	ⓝ 재료, 원료, 물질 [= substance], 자료 Construction materials used in the restoration process are on display as well. 또한 복원 과정에 사용된 건축 자료들은 전시되어 있다.
15 □□□	**monitor** [mánətər]	ⓥ 감시하다 [= watch] ⓝ 모니터 The scientists monitored two groups of healthy people for 10 weeks. 과학자들은 건강한 사람들 두 그룹을 10주 동안 감시했다.

이헌아 취향저격 지털프 어휘 900

16 □□□	**occur** [əkɜ́ːr]	ⓥ 발생하다, 나타나다, 생각이 나다 A large earthquake occurred here many years ago. 수년 전에 이곳에서 큰 지진이 발생했다. occurrence ⓝ 발생, 출현, 사건 occurrent ⓐ 현재 일어나고 있는, 일시적인
17 □□□	**pardon** [páːrdn]	ⓥ 용서하다, 사면하다 ⓥ 용서, 사면 Grandmother pardons us when we misbehave. 할머니는 우리가 버릇없이 굴 때 우리를 용서한다.
18 □□□	**pioneer** [pàiəníər]	ⓝ 개척자, 선구자 ⓥ 개척하다 There is no doubt that she was the pioneer of the women's fashion industry. 그녀가 여성 패션 산업의 선구자였다는 것은 의심할 여지가 없다.
19 □□□	**precise** [prisáis]	ⓐ 정확한 [= exact], 명확한 To be precise, they are seeking reparations for head injuries. 정확하게 말하자면, 그들은 머리 부상에 대한 보상금을 요구하고 있다.
20 □□□	**predator** [prédətər]	ⓝ 육식동물, 약탈자, 포식자 Without their predators, the jellyfish did not have to use their poison anymore. 그들의 약탈자가 없으면, 해파리들은 그들의 독을 더 이상 사용할 필요가 없다.

DAY 06

81

DAY 06

이원아 취향저격 지털프 어휘 900

21 □□□ **prefer**
[prifə́ːr]

ⓥ 더 좋아하다, 선호하다

To be honest with you, I prefer to work alone.
솔직히 말하면 나는 혼자 일하는 것을 선호한다.

prefer A to B (A를 B보다 선호하다)

22 □□□ **pregnant**
[prégnənt]

ⓐ 임신한

Coffee can have a negative effect on a pregnant woman's health and children's nutrition.
커피는 임신한 여성들의 건강과 아이들의 영양에 부정적인 영향을 끼칠 수 있다.

pregnancy ⓝ 임신

23 □□□ **cultivate**
[kʌ́ltəvèit]

ⓥ 경작하다, 재배하다

The farmer cultivated his land in anticipation of the harvesting season.
그 농부는 수확기를 기대하며 그의 땅을 경작했다.

cultivation ⓝ 경작, 구축

24 □□□ **protest**
[próutest]

ⓥ 항의하다, 이의를 제기하다, 단언하다, 주장하다
ⓝ 항의, 운동, 시위

Japan's protest and request were rebuffed by the Korean government.
일본의 항의와 요구는 한국 정부에 의해 부딪쳤다.

protestor ⓝ 항의하는 사람

25 □□□ **prove**
[pruːv]

ⓥ 입증하다, 증명하다

The result of the survey proved him right.
그 설문조사의 결과는 그가 옳다는 것을 증명했다.

proof ⓝ 증거, 입증

26 □□□	**rare** [rɛər]	ⓐ 드문, (고기 등이) 덜 익은 Lifelong friendships are very rare. 평생 지속되는 우정은 매우 드물다.

27 □□□	**react** [riǽkt]	ⓥ 반응하다, 반작용하다 ⓝ 반응, 반작용 This stimulus is extremely important because it allows the neurons and muscles to react. 이 자극은 신경세포들과 근육이 반응하기 때문에 굉장히 중요하다. reaction ⓝ 반응, 반작용

28 □□□	**remain** [riméin]	ⓥ 여전히 ~ 이다, ~ 인 채 남아있다, 머무르다 [= stay] For this reason, many aspects of Stonehenge remain subject to debate. 이러한 이유로 스톤헨지에 대한 많은 점들은 논쟁거리로 남아있다. remains ⓝ 유해, 잔재

29 □□□	**remark** [rimá:rk]	ⓝ 의견, 비평 [= comment] ⓥ 논평하다 His remarks were a reversal of what he had said earlier. 그의 의견은 이전에 그가 말했던 것과는 반대되는 내용이었다. make remarks (비평하다, 연설하다) remarkable ⓐ 주목할 만한, 놀랄 만한 remarkably ⓐ 두드러지게, 매우

30 □□□	**remind** [rimáind]	ⓥ 생각나게 하다, (~ 임을) 일깨워주다 They always remind him of the true value of education. 그들은 항상 그에게 교육의 진정한 가치를 상기시킨다. remind A of B (A에게 B를 생각나게 하다)

31 □□□ **repay** [ripéi]

ⓥ ~ 에게 돈을 갚다, (호의 등에) 보답하다

Susan just wanted to repay the kindness and the help she received from Koreans.
Susan은 그녀가 한국인들로부터 받았던 친절과 도움에 보답하기를 원했다.

---

32 □□□ **revise** [riváiz]

ⓥ 수정하다

While writing the story, he revised it many times.
그 이야기를 쓰는 동안, 그는 그것을 여러 번 수정했다.

revision ⓝ 수정, 개정, 개편

---

33 □□□ **role** [roul]

ⓝ 역할, 임무, 배역

Her role is to give each guest a name tag.
그녀의 임무는 각 손님에게 명찰을 주는 것이다.

---

34 □□□ **room** [ru:m]

ⓝ 방, 공간 [= space], 여지, 가능성 [= possibility]

There is not any room to argue.
논쟁의 여지가 없다.

---

35 □□□ **secondhand** [sékəndhænd]

ⓐ 중고의 [= used], 간접의 [= indirect]

There are countless scientific resources to back up the dangers of secondhand smoking.
간접흡연의 위험성을 지지할 만한 수많은 과학적인 증거들이 있다.

Most secondhand stuff doesn't come with a warranty.
대부분의 중고품에는 보증서가 없다.

36 ☐☐☐	**security** [sikjúərəti]	ⓝ 안전, 보안 [= safety], 안심

They say that the new security system didn't work properly and the terrorist broke in.
그들은 새 보안 시스템이 제대로 작동하지 않아 테러리스트가 침입했다고 말한다.

secure ⓐ 안전한

37 ☐☐☐	**society** [səsáiəti]	ⓝ 사회

The entire American society is beating itself over the concern of social morality.
미국 전 사회가 사회 도덕성에 관한 문제로 자책하고 있다.

social ⓐ 사회의, 사교적인

38 ☐☐☐	**stance** [stæns]	ⓝ 태도, 입장

They feel pressure to take a stance.
그들은 어떤 입장을 취해야 한다는 압박을 느낀다.

39 ☐☐☐	**tension** [tenʃn]	ⓝ 긴장, 불안

The tension between the two nations is getting worse.
두 국가 간의 긴장은 더 심해지고 있다.

tense ⓐ 긴장한, 불안한

40 ☐☐☐	**transport** [trænspɔ́ːrt]	ⓥ 수송하다, 운송하다 ⓝ 수송, 운송

The government made public transport free and it was a huge success.
정부는 대중 교통비를 무료로 만들었고 그것은 아주 성공적이었다.

transportation ⓝ 교통기관, 운송기관

DAY 06

85

41
☐☐☐

apex
[eɪpeks]

ⓝ 정점, 정상 [= peak, summit], 최고조

In the United Kingdom context, the fox is one of the apex predators.
영국을 배경으로 할 때, 여우는 최상위 포식자 중 하나이다.

42
☐☐☐

component
[kəmpoʊnənt]

ⓝ 요소, 성분

an important emotional component
중요한 감정적 요소

Trust is a vital component in any relationship.
신뢰가 어떤 관계에서든 핵심 요소이다.

43
☐☐☐

conscious
[kánʃəs]

ⓐ 알고 있는, 의식이 있는

Animals must stay conscious of their surroundings to avoid danger.
동물들은 위험을 피하기 위해 주위 환경을 의식하고 있어야 한다.

44
☐☐☐

construe
[kənstruː]

ⓥ ~을 설명하다, 이해하다 ⓝ 구문 분석, 직역

Different lawyers may construe the same law differently.
법률가에 따라 같은 법조문이라도 각각 다른 해석을 내릴 수 있다.

45
☐☐☐

entity
[entəti]

ⓝ 독립체, 존재

the foundations for even more complex entities
훨씬 더 복잡한 독립체를 위한 기초

The unit has become part of a larger department and no longer exists as a separate entity.
그 부서는 다른 큰 부서의 일부가 되었고 더 이상 별개의 독립체로 존재하지 않는다.

46 □□□	**facilitate** [fəsɪlɪteɪt]	ⓥ 용이하게 하다, 촉진하다, 조장하다 Online courses have greatly facilitated student learning. 온라인 강의는 학생의 학습을 매우 용이하게 했다.
47 □□□	**faculty** [fæklti]	ⓝ 기능, (대학의) 학부, 교수단 our faculty of reason 우리 이성의 기능 the Faculty of Arts and Science 학예부 That university has an excellent faculty. 그 대학은 우수한 교수진을 갖추고 있다.
48 □□□	**formulate** [fɔːrmjuleɪt]	ⓥ 표현하다, 형성하다 They formulated their personal position on the proposition. 그들은 그 주장에 대한 자신의 개인적인 입장을 형성했다. formula ⓝ 공식 formulation ⓝ 공식화, 명확한 표현
49 □□□	**imply** [ɪmplaɪ]	ⓥ 넌지시 나타내다, 함축하다, (필연적으로) 수반하다 The saying implies that you can never teach any older person anything new. 그 속담은 어떤 노인에게서든 무언가 새로운 것을 걸고 기르칠 수 없다는 것을 넌지시 나타낸다. implication ⓝ 영향, 함축, 내포
50 □□□	**intervene** [ɪntərviːn]	ⓥ 개입하나, 중재하다, 방해하다 Two men intervened with his mother. 두 남자가 그의 어머니를 중재했다. intervention ⓝ 중재, 조정, 간섭

DAY 06

51 □□□	**mundane** [mʌndeɪn]	ⓐ 평범한, 흔한 [= ordinary, mediocre] It's an attitude that turns the mundane into something more interesting and exciting. 평범한 일을 뭔가 더 재미있고 신나는 일로 바꾸는 것은 바로 태도이다.
52 □□□	**prejudice** [predʒudɪs]	ⓝ 편견, 선입관 ⓥ 편견을 갖게 하다, 해치다, 손상시키다 He experienced racial prejudice when he left India for Australia. 그는 인도에서 호주로 이주했을 때, 인종 편견과 마주해야 했다.
53 □□□	**prevailing** [prɪveɪlɪŋ]	ⓐ 유행하는, 널리 퍼져 있는, 우세한, 지배적인 Colorful sneakers are the prevailing fashion trend this summer. 알록달록한 운동화는 올 여름에 유행하는 패션 경향이다. prevail ⓥ 유행하다, 보급되다, 만연하다
54 □□□	**prospective** [prəspektɪv]	ⓐ 잠재적인, 유망한, 곧 있을 the process of investigating a prospective candidate 유망한 후보자를 조사하는 과정 They are worried about prospective changes in the law. 그들은 곧 있을 그 법률 개정에 대해 걱정하고 있다.
55 □□□	**respiratory** [respərətɔːri]	ⓐ 호흡 기관의, 호흡의 Air pollution can potentially cause serious respiratory problems. 대기 오염은 심각한 호흡 기관의 문제를 일으킬 수 있는 가능성이 있다.

| 56 ☐☐☐ | **ritual**
[rɪtʃuəl] | ⓝ 의식, 의례 ⓐ 의식의

Danced ritual did not seem like a waste of energy.
춤을 추는 의식은 에너지의 낭비로 보이지 않았다. |

| 57 ☐☐☐ | **secular**
[sékjulər] | ⓐ 세속적인, 비종교적인

Islamic hospitals were seen as "relatively secular."
이슬람 병원들은 '비교적 비종교적인'것으로 간주되었다. |

| 58 ☐☐☐ | **sheer**
[ʃɪr] | ⓐ (크기·정도·양을 강조하여) 순전한, 거대한

By its sheer size it provides homes for many creatures and insects.
그것은 순전히 크기만으로도 많은 생물과 곤충들에게 집을 제공한다. |

| 59 ☐☐☐ | **eschew**
[ɪstʃuː] | ⓥ 피하다, 삼가다 [= shun, avert, avoid]

They don't chew gums unless the store eschews the sales of expired ones.
그 가게가 유효 기간이 지난 껌들의 판매를 삼가지 않는 이상 그들은 껌을 씹지 않는다. |

| 60 ☐☐☐ | **unanimous**
[junǽnɪməs] | ⓐ 만장일치의, 동의하는

An unanimous decision is required to appoint a new CEO.
새로운 CEO를 임명하기 위해서는 만장일치의 결정이 필요하다. |

DAY
07

□ abide	□ except	□ refute
□ ape	□ folfill	□ regulate
□ branch	□ former	□ repair
□ comfort	□ frustrate	□ review
□ command	□ furious	□ routine
□ contaminate	□ hostility	□ scream
□ court	□ ignore	□ sewage
□ customer	□ inscribe	□ slope
□ debt	□ irrigate	□ spectator
□ decade	□ lecture	□ statement
□ decay	□ loathe	□ substance
□ despair	□ mend	□ sufficient
□ develop	□ monopoly	□ suspect
□ device	□ ongoing	□ theme
□ disposable	□ paste	□ theory
□ distribute	□ petroleum	□ treasure
□ efficient	□ poverty	□ trial
□ element	□ practice	□ trick
□ embrace	□ projected	□ unleash
□ enforce	□ proof	□ yearn

DAY 07

01 abide
☐☐☐ [əbáid]

ⓥ 준수하다 [= comply with, conform to], 머무르다

abide in New York
뉴욕에 체류하다

They will have to abide by the final ruling eventually.
그들은 결국 확정 판결을 따라야만 할 것이다.

Joseon was ruled by kings, who abided by laws.
조선은 법을 따른 국왕들이 지배했다.

abide in[at] (~에 체류하다, 머무르다)
abide by (~을 준수하다)

02 branch
☐☐☐ [bræntʃ]

ⓝ 나뭇가지, 지점, 출장소

The valley is watered by a branch of the Colorado river.
그 계곡은 콜로라도의 강 지점에서 물을 댄다.

03 comfort
☐☐☐ [kʌ́mfərt]

ⓝ 편안함, 위안 ⓥ 위로하다

These tennis shoes are designed for comfort and performance.
이 테니스화는 편안함과 기능성을 고려하여 디자인 된 것이다.

comfortable ⓐ 편안한

04 command
☐☐☐ [kəmǽnd]

ⓝ 명령 [= order], 지배(력) ⓥ 명령하다, 지휘하다

The general was in command of the troops.
장군이 군대를 지휘했다.

commander ⓝ 사령관

05 customer
☐☐☐ [kʌ́stəmər]

ⓝ 고객, 단골

Competition provides customers with reasonable prices, better quality and greater variety.
경쟁은 소비자들에게 합리적인 가격, 더 나은 품질, 그리고 엄청난 다양성을 제공한다.

06 □□□	**court** [kɔːrt]	ⓝ 법정, 안마당, (테니스 등) 경기장

A unique decision was made at a local court recently.
한 독특한 결정은 최근 지방 법원에서 내려졌다.

07 □□□	**debt** [det]	ⓝ 빚, 채무

I need to pay off all my debts before I leave the country.
나는 이 나라를 떠나기 전에 모든 부채를 청산해야 한다.

08 □□□	**decade** [dékeid]	ⓝ 10년 ⓐ 10년의

China has been working on the project for nearly a decade.
중국은 거의 10년 동안 그 프로젝트를 수행해 왔다.

09 □□□	**decay** [dikéi]	ⓝ 쓰레기 매립지 ⓥ 썩다, 부식하다, 쇠퇴하다 [= decline] ⓝ 부패, 쇠퇴

After the heating process, the milk protein won't decay.
열처리 후, 우유 단백질은 썩지 않게 될 것이다.

10 □□□	**develop** [divéləp]	ⓥ 발달시키다, (사진을) 현상하다, 발달하다, (병이) 생기다

It is good to develop positive habits.
긍정적인 습관을 발달시키는 것은 좋다.

development ⓝ 발달

93

11 □□□ **device**
[diváis]

ⓝ 장치, 책략, 계략

It is amazing that this small device can find out our symptoms.
이 작은 장치가 우리의 증상을 알아낼 수 있다는 것이 놀랍다.

devise ⓥ 고안하다, 발명하다

---

12 □□□ **frustrate**
[frʌstreit]

ⓥ 좌절시키다, 실망시키다
　[= disappoint, spoil, discourage]

The production company's repeated delays frustrated the plans of the distributor.
그 제작사와의 반복되는 지연은 배급사의 계획을 망쳤다.

frustration ⓝ 좌절, 실패
frustrated ⓐ 좌절한
frustrating ⓐ 좌절감을 주는

---

13 □□□ **element**
[éləmənt]

ⓝ 요소, 구성요소, 원소

The three elements of time can all be happening at the same time.
이 시간의 3가지 요소는 모두 동시에 일어날 수 있다.

---

14 □□□ **except**
[iksépt]

⑳ ~ 외에는, ~ 을 제외하고

Mix all ingredients except lettuce and lime wedges.
상추와 라임조각을 제외하고 모든 재료를 섞어라.

---

15 □□□ **former**
[fɔːrmər]

ⓐ 이전에, 먼저의 [= prior] ⓝ 전자 ↔ [the latter 후자]

This beautiful old building has been restored to its former glory.
이 아름다운 옛 건물이 옛날의 영광을 되찾았다.

16 □□□	**hostility** [hastíləti]	ⓝ 적의, 적개심, 적대 행위 Most of the wars have many different causes that contribute to hostility. 대부분의 전쟁은 적대감의 원인이 되는 많은 다양한 원인들이 있다. hostile ⓐ 적대적인
17 □□□	**ignore** [ignɔ́ːr]	ⓥ 무시하다, 못 본 척하다 The evolving nature of life isn't something we can ignore. 생명의 진화하려는 본성은 우리가 무시할 수 있는 것이 아니다. ignorance ⓝ 무지, 무식 ignorant ⓐ 무지한
18 □□□	**fulfill** [fulfíl]	ⓥ 이행하다, 실행하다 [= implement, accomplish, carry out] The clothing manufacturer fulfilled its plans to expand overseas. 그 의류 제조업체는 해외로 확장하기 위한 계획을 실행했다. fulfillment ⓝ 실현, 성취
19 □□□	**mend** [mend]	ⓥ 고치다, 개선하다 [= amend, reform, fix, repair] I asked her if she could mend my torn shirt for me. 나는 그녀에게 내 찢어진 셔츠를 수선해 줄 수 있는 지 물었다.
20 □□□	**lecture** [léktʃər]	ⓝ 강의, 강연 ⓥ 강연하다, 강의하다 Classes at traditional schools would have teachers give lectures and students listen. 기존 학교 수업에서 교사들은 강의를 하고 학생들은 듣는다. lecturer ⓝ 강사

DAY 07

95

이뤄낸 취향저격 지필프 어휘 900

21 □□□	**efficient** [ɪˈfɪʃnt]	ⓐ 효과가 있는, 능률적인 [= effective, influential] An efficient software system will process transactions much faster. 능률적인 소프트웨어 시스템은 거래를 훨씬 더 빠르게 처리할 것이다. efficiently ⓐⓓ 능률적으로 efficiency ⓝ 능률, 효율
22 □□□	**practice** [præktis]	ⓝ 연습, 관습 ⓥ 연습하다 The practice is extremely dangerous and absolutely undesirable for a child. 그 관습은 아이에게 굉장히 위험하고 굉장히 바람직하지 않다.
23 □□□	**proof** [pruːf]	ⓝ 증명, 증거(물) The findings may provide proof for the existence of dolphin culture. 그 발견은 돌고래 문화의 존재에 대한 증거를 제공할지도 모른다. prove ⓥ 입증하다, 증명하다
24 □□□	**refute** [rifjuːt]	ⓥ 반박하다, 논박하다 [= disprove, contradict] refute an argument 주장을 논박하다 The student refuted the professor's argument. 그 학생은 교수님의 주장을 반박했다. refutation ⓝ 반박, 논박
25 □□□	**regulate** [régjulèit]	ⓥ 규제하다, 통제하다 [= control] A debate is a regulated discussion with guided rules of conduct. 토론은 제한된 행동 규율을 따르는 통제된 토의다. regulation ⓝ 규칙, 규정

26 □□□	**repair** [ripέər]	ⓥ 수리하다 ⓝ 수리, 수선 Children learned how to make a good kite and repair a broken kite. 아이들은 좋은 연을 만드는 방법과 부서진 연을 수선하는 방법을 배웠다.
27 □□□	**review** [rivjúː]	ⓥ 재검토하다, 비평하다, 복습하다 ⓝ 재검토, 복습 ↔ [preview 예습] When he reviewed the report, he found several mistakes. 그가 보고서를 재검토했을 때, 그는 몇 개의 실수를 발견했다.
28 □□□	**routine** [ruːtíːn]	ⓝ 일과, 판에 박힌 일 ⓐ 일상의, 틀에 박힌 They are tired of the same monotonous routines. 그들은 똑같은 단조로운 일상에 지쳐 있다.
29 □□□	**scream** [skriːm]	ⓝ 소리치다, ⓝ (공포, 고통) 절규, 비명 He covered her mouth to stop her from screaming. 그녀가 비명을 지르지 못하도록 그가 그녀의 입을 막았다.
30 □□□	**slope** [sloup]	ⓝ 비탈, 경사 ⓥ 비탈지다, 경사지다 Due to reckless construction, many mountains slopes were carved without proper safety precautions. 적절한 안전 예방책 없이 무모한 공사 때문에 많은 산비탈이 깎여졌다.

DAY 07

31
☐☐☐

statement
[stéitmənt]

ⓝ 성명, 진술, 성명서

This statement also reflects the very nature of the protesters.
이 진술은 시위자들의 본성 또한 반영한다.

state ⓥ 말하다, 언급하다

32
☐☐☐

substance
[sʌ́bstəns]

ⓝ 물질

Alcohol is one of the most widely used drug substance in the world.
술은 세상에서 가장 널리 사용되는 물질 중 하나이다.

33
☐☐☐

sufficient
[səfíʃənt]

ⓐ 충분한 ↔ [insufficient 불충분한]

Thirty minutes is sufficient for a good sermon.
30분이면 좋은 설교 시간으로 충분하다.

sufficient for N (~에 충분한)
sufficient to do (~ 하기에 충분한)

34
☐☐☐

suspect
[səspékt]

ⓥ 의심하다, 수상하게 여기다 ⓝ 용의자, 수상쩍은 사람

The suspect was taken to the police office on suspicion of being a spy.
그 용의자는 스파이가 된 의혹으로 경찰서에 끌려갔다.

35
☐☐☐

theme
[θiːm]

ⓝ 주제, 주제음악

Love is a major theme in the novel.
사랑은 소설에서 중요한 주제이다.

36 ☐☐☐	**theory** [θíːəri]	ⓝ 가설, 학설, 이론 There are so many theories and myths about blood types. 혈액형에 관한 많은 이론들과 속설들이 있다.
37 ☐☐☐	**treasure** [tréʒər]	ⓝ 보배, 귀중품 Atlantis is famous because it was beautiful and full of treasure. 아틀란티스는 아름답고 보물로 가득했기 때문에 유명하다.
38 ☐☐☐	**trial** [tráiəl]	ⓝ 재판, 시험, 시도 [= attempt] The trial took place regardless of gender or sexuality. 성별에 관계없이 재판이 일어났다. trial and error (시행착오)
39 ☐☐☐	**trick** [trik]	ⓝ 속임수, 묘기 ⓥ 속이다, 속임수를 쓰다 Some animals are so smart that they can do many cool tricks. 어떤 동물들은 너무 똑똑해서 많은 멋진 묘기를 부릴 수 있다.
40 ☐☐☐	**yearn** [jəːrn]	ⓥ 갈망하다 [= long, crave], 그리워하다 [= miss] Everybody yearns for this kind of job. 누구나 이와 같은 종류의 직업을 갈망한다. People have been yearning for distraction since the dawn of time. 인류가 시작될 때부터 사람들은 오락 활동을 갈망해 왔다. yearn for (~을 갈구하다)

DAY 07

도전! 65점 이상

41 □□□	**ape** [eɪp]	ⓝ 유인원 ⓥ 흉내 내다 The ape is closely allied to man. 원숭이는 사람에 가깝다.
42 □□□	**contaminate** [kəntǽmənèit]	ⓥ 더럽히다, 오염시키다 [= pollute], 타락시키다 They are harmful to plants and animals and potentially contaminate ground water. 그것들은 식물과 동물에게 해롭고 아마도 지하수를 오염시킨다. contamination ⓝ 오염
43 □□□	**despair** [dispέər]	ⓝ 절망, 자포자기 ↔ [hope 희망] In despair and desperation, he shakes hands with the mysterious stranger. 절망과 자포자기 상태에서 그는 그 미스터리한 이방인과 손을 잡는다. in despair (절망에 빠져) to one's despair (절망스럽게도)
44 □□□	**disposable** [dispóuzəbl]	ⓐ 일회용의, 사용 후 버릴 수 있는 Paper cups and napkins are disposable. 종이컵과 냅킨은 일회용이다. For parties, disposable paper table covers are preferred as they require no cleaning, but they create more waste and pollution. 파티용으로 세탁할 필요가 없어서 일회용 식탁보가 더 선호되는데, 이는 더 많은 쓰레기와 오염을 만들어 낸다.
45 □□□	**distribute** [dɪstrɪbjuːt]	ⓥ (어느 범위에 걸쳐) 퍼뜨리다, 분포시키다, 유통하다 The organization distributed food to the earthquake victims. 그 단체에서 지진 피해자들에게 먹을 것을 나눠 주었다. distribution ⓝ 분배, 유통, 분포

이훈아 취향저격 지텔프 어휘 900

46 ☐☐☐	**embrace** [ɪmbreɪs]	ⓥ 포옹하다, 기꺼이 받아들이다 the idea of embracing failure 실패를 수용한다는 생각 Her friends seemed to welcome and embrace her. 그녀의 친구들은 그녀를 환영하고 포옹하는 것처럼 보였다.
47 ☐☐☐	**enforce** [ɪnfɔ́ːrs]	ⓥ (법률 등을) 시행하다, 집행하다, 강요하다 These distinctions are enforced. 이러한 차별이 시행된다. enforcement ⓝ 시행, 집행, 강요
48 ☐☐☐	**furious** [fjúəriəs]	ⓐ 몹시 화난, 맹렬한 [= fierce] The elephants clearly showed that they were furious. 코끼리들은 그들이 몹시 화가 났다는 것을 명백히 보여줬다. fury ⓝ 격노, 격렬, 열광
49 ☐☐☐	**inscribe** [ɪnskraɪb]	ⓥ 쓰다, 새기다 The inscribed leaves have been used as place cards. 새겨진 그 잎은 좌석표로 사용되어 왔다. inscription ⓝ 새기기, 새긴 글, 비문
50 ☐☐☐	**irrigate** [ɪrɪgɑɪt]	ⓥ 관개하다, 물을 대다 Surrounding areas were irrigated with a modest amount of water from the rivers. 주변 지역은 강에서 나오는 약간의 물로 관개되었다. irrigation ⓝ 관개, 물을 끌어들임

51 ☐☐☐	**loathe** [louð]	ⓥ 싫어하다, 혐오하다 [= detest, hate, despise, abhor] I loathe modern art. 난 현대 미술을 혐오한다. Whether people loved or loathed her, one fact is that Margaret Thatcher transformed the United Kingdom. 사람들이 그녀를 지지하던 증오하던지 간에, 마가렛 대처가 영국을 바꿔 놓았다는 것은 사실이다. loather ⓝ 몹시 싫어하는 사람
52 ☐☐☐	**monopoly** [mənɑ́ːpəli]	ⓝ 독점, 독점권 In the past, central government had a monopoly on television broadcasting. 과거에는 중앙 정부가 텔레비전 방송을 독점했다.
53 ☐☐☐	**ongoing** [ɑ́ːngouɪŋ;ɔ́ːn-]	ⓐ 진행 중인, 계속되고 있는 Assessment is ongoing by the instructor. 평가는 강사에 의해 진행되고 있다.
54 ☐☐☐	**paste** [peɪst]	ⓥ 붙이다, 풀로 바르다 ⓝ 풀, 가루반죽 Paste your story in the body of an email. 여러분의 이야기를 이메일 본문에 붙이세요. Please don't paste a fake smile on your face. 제발 얼굴에 가짜 미소를 띠지 마라.
55 ☐☐☐	**petroleum** [pətróuliəm]	ⓝ 석유 It is center for irrigation farming, dairying, ranching, manufacturing, and petroleum production. 그곳은 관개농업과 낙농업, 목축업, 제조업, 석유화학 생산의 중심지이다.

56 □□□	**poverty** [pɑ́ːvərti]	ⓝ 가난, 빈곤, 결핍 Free health care is available to families living in poverty. 무료 건강 검진은 가난하게 사는 가족들이 이용할 수 있다.
57 □□□	**projected** [prɑːdʒéktid]	ⓐ 예상된 a projected winner 예상된 승리자 Gas reserves are easily large enough to meet the projected increase in global demand. 가스 매장량은 아마 예상된 전 세계적인 수요의 증가를 충족시킬 수 있을 만큼 풍부할 것이다. <div align="right">project ⓝ 예상하다</div>
58 □□□	**sewage** [súːidʒ]	ⓝ 하수, 오물 sewage disposal 하수처리 The factory secretly dumped millions of gallons of raw sewage into the river. 그 공장은 비밀리에 수백만 갤런의 처리되지 않은 오물을 강에 버렸다.
59 □□□	**spectator** [spékteitər]	ⓝ 관중, 관람객, 구경꾼 a sports stadium for 125,000 spectators 125,000명의 관중을 수용하는 스포츠 경기장 Free to participants and spectators. 참가자와 관람객 모두 무료입니다. <div align="right">spectate ⓥ 구경하다, 방관하다</div>
60 □□□	**unleash** [ʌlíːʃ]	ⓥ 촉발시키다, 불러일으키다 [= spark, trigger] The government's proposals unleashed a storm of protest in the press. 정부의 그 제안들은 언론의 거센 항의를 불러일으켰다. The editorial unleashed a torrent of angry responses. 그 사설은 성난 반응을 엄청나게 불러일으켰다.

DAY
08

이현아

취향저격
G-TELP
어휘 900

- access
- assemble
- associate
- awkward
- bank
- brave
- break
- challenge
- combat
- condense
- consequence
- considerate
- corrode
- counteract
- courage
- culprit
- delegate
- diverge
- dwindle
- elicit
- emancipate
- emulate
- environment
- facility
- factor
- fail
- feasible
- gloomy
- inhale
- interest
- invite
- leave
- lethal
- logical
- longevity
- lucrative
- miss
- notify
- outdo
- owe
- oxygen
- penalty
- possess
- rain forest
- raise
- random
- reference
- risk
- rotten
- sound
- stage
- standard
- sturdy
- substitute for
- survival
- theft
- undergo
- urgent
- usage
- ventilate

이급아 취향저격 지털프 어휘 900

01
□□□

access
[ǽkses]

ⓝ 이용, 접근, (자료) 입수 ⓥ ~에 접근하다

Millions of people around the world do not have access to clean water.
세계의 수백만 명의 사람들은 깨끗한 물을 얻지 못하고 있다.

accessible ⓐ 접근하기 쉬운, 이용하기 쉬운

02
□□□

associate
[əsóuʃièit]

ⓥ 연상하다, 관련짓다 ⓝ 동료, 회원

Many other words are associated with technology.
많은 다른 단어들은 기술과 관련되어 있다.
be associated with (~에 관련되어 있다)

03
□□□

bank
[bæŋk]

ⓝ 은행, 둑, 제방

This bank may burst at any moment.
이 제방은 언제 무너질지 모른다.

04
□□□

brave
[breiv]

ⓐ 용감한 [= bold]

His brave actions will become history.
그의 용감한 행동은 역사에 남을 것이다.

bravery ⓝ 용기

05
□□□

break
[breik]

ⓥ 깨다, 고장 내다, 위반하다 ⓝ 잠깐의 휴식, 중단, 갈라진 틈

ABC Electronics maintained its high output and continued to break records.
ABC전자는 높은 생산량을 유지했고 계속해서 기록을 깼다.

06 ☐☐☐	**challenge** [ʧǽlindʒ]	ⓝ 도전, 어려운 일 ⓥ 도전하다, 시합을 신청하다 One of the biggest challenges to an eco-friendly world is trash. 친환경 세계에서 가장 어려운 문제들 중의 하나는 쓰레기이다. challenge to N (~ 에의 도전) challengeable ⓐ 도전할 수 있는, 비판의 여지가 있는 challenging ⓐ 힘든
07 ☐☐☐	**combat** [kəmbǽt]	ⓝ 전투, 투쟁 ⓥ 싸우다, 투쟁하다 In 2013, the United States officially rescinded the ban on women on combat. 2013년, 미국은 여성의 전투 참여에 공식적으로 금지를 철회했다.
08 ☐☐☐	**consequence** [kánsəkwèns]	ⓝ 결과, 결말 [= result, effect], 중대함, 중요성 [= importance] It is now common knowledge that many negative consequences result from climate change. 이제는 기후 변화로 많은 부정적인 결과들이 발생하는 것은 상식이다. consequent ⓐ 결과로 일어나는 consequently ⓐ 따라서, 그 결과로서
09 ☐☐☐	**considerate** [kənsídərət]	ⓐ 이해심이 있는, 마음씨 좋은 [= thoughtful] We should also learn how to be considerate of others. 우리는 또한 다른 사람들을 배려하는 마음을 배워야만 한다.
10 ☐☐☐	**courage** [kə́ːridʒ]	ⓝ 용기, 배짱 ↔ [cowardice 비겁] His courage began to shake when she heard the news. 그의 용기는 그녀가 그 소식을 들었을 때 흔들리기 시작했다. courageous ⓐ 용기 있는, 용감한 encourage ⓥ 용기를 주다

DAY 08

107

DAY 08

11

□□□

environment
[inváiərənmənt]

ⓝ 환경, (주의) 상황

Let's protect our environment and save water.
우리 자연을 보호하고 물을 아끼자.

environmental ⓐ 환경의, 환경보호의
environmentalist ⓝ 환경 보호론자

12

□□□

facility
[fəsiləti]

ⓝ 시설, 설비, 재능

The hotel has special facilities for welcoming disabled people.
그 호텔에는 장애인들을 맞을 수 있는 특수 시설이 되어 있다.

She has a facility for languages.
그녀는 언어에 재능이 있다.

facilitate ⓥ 촉진하다, ~을 수월하게 하다

13

□□□

factor
[fæktər]

ⓝ 요소, 요인 [= element]

Cars are a major factors in air pollution.
자동차는 대기 오염의 주요 원인이다.

14

□□□

fail
[feil]

ⓥ 실패하다, 낙제하다, (기계 등이) 작동하지 않다

The reality is countless Korean stars have failed to live up to expectations.
수많은 한국인 스타들이 기대에 부응하는데 실패한 것은 사실이다.

failure ⓝ 실패

15

□□□

notify
[nóutəfài]

ⓥ 통지하다, 알리다 [= inform, announce, report]

An assistant notified the director of the schedule via mail.
조수는 메일을 통해 감독에게 일정을 알렸다.

notice ⓥ 통지하다, 알아채다
notification ⓝ 통지, 공고

이현아 취향저격 지텔프 어휘 900

16	**interest** [íntərəst]	ⓝ 관심, 흥미 [= concern], 이자, 이익 [= advantage] ⓥ 흥미를 끌다

They understand that personal decisions should not interfere with public interest.
그들은 개인적인 결정이 대중의 이익을 침해해서는 안 된다는 것을 이해한다.

have [show, lose] an interest in (~ 에 관심을 갖다, 보이다, 잃다)

interested ⓐ 흥미를 가진

17	**invite** [inváit]	ⓥ 초대하다

Successful candidates will be invited for interview next week.
합격한 후보자들은 다음 주에 면접 요청을 받게 된다.

invitation ⓝ 초대

18	**leave** [li:v]	leave – left - left

ⓥ 떠나다, 그만두다, 두고 오다 ⓝ 휴가

I don't want to leave early, but it can't be helped.
나는 일찍 떠나기를 원하지 않지만 어쩔 수 없다.

19	**logical** [ládʒikəl]	ⓐ 논리적인 ↔ [illogical 비논리적인]

The debate is based on logical assumptions.
그 논쟁은 논리적인 추정에 근거한다.

logic ⓝ 논리, 논리학

20	**miss** [mis]	ⓥ 놓치다, 그리워하다, 사라지다 ⓝ 실수, 실패

Do not miss other valuable things in your life.
여러분의 인생에서 더 가치 있는 것들을 놓치지 마세요.

21 ☐☐☐

longevity
[lɑndʒévəti]

ⓝ 장수, 수명

I believe being active is the secret of her longevity.
나는 활동적인 것이 장수의 비결이라고 생각한다.

---

22 ☐☐☐

outdo
[autdu]

outdo - outdid - outdone

ⓥ 능가하다, 이기다 [= excel, surpass, exceed]

The two rivals were constantly trying to outdo each other.
두 라이벌은 끊임없이 서로를 이기려고 했다.

---

23 ☐☐☐

owe
[ou]

ⓥ 빚지다

She owes me some money.
그녀는 나에게 약간의 돈을 빚지고 있다.

---

24 ☐☐☐

oxygen
[ɑ́ksidʒen]

ⓝ 산소

It is very important because we can't live without oxygen.
우리는 산소 없이 살수 없기 때문에 그것은 매우 중요하다.

---

25 ☐☐☐

penalty
[pénəlti]

ⓝ 형벌, 벌칙, 벌점

In most cases, penalties are determined for the offences caught on camera.
대부분의 경우에 카메라에 잡힌 위법 행위에 대해 처벌이 결정된다.

death penalty (사형)

26 □□□	**rain forest** [reɪnfɔ́ːrɪst]	ⓝ 열대 우림 The large part of Amazon rain forest is still untouched by human hand. 아마존 우림의 많은 부분이 아직도 사람의 손에 닿지 않는다.
27 □□□	**raise** [reiz]	ⓥ 올리다 [= lift], (수, 양) 증가시키다, 올리다 [= increase] ⓥ (기금을) 모으다, 기르다, (문제 등을) 제기하다 Please raise your hands before asking a question. 질문하기 전에 손을 들어 주세요. The book raises many important questions. 그 책은 많은 중요한 질문들을 제기한다.
28 □□□	**random** [rǽndəm]	ⓐ 임의의, 무작위의 The information is processed in a random order. 그 정보는 무작위순으로 처리된다. randomly ⓐⓓ 임의로, 닥치는 대로
29 □□□	**reference** [réfərəns]	ⓝ 언급 [= mention], (서적 등의) 참조, 참고문헌 We have attached a copy of the invoice for your reference. 우리는 당신이 참고할 수 있도록 송장 사본을 첨부한다. refer ⓥ 언급하다, 참조하다
30 □□□	**risk** [risk]	ⓝ 위험성 [= danger] ⓥ 위태롭게 하다, 모험하다 [= venture] All investment include some risk. 모든 투자는 어느 정도의 위험을 포함한다. at the risk of (~의 위험을 무릅쓰고) risky ⓐ 위험한

DAY 08

111

31 □□□	**rotten** [rátn]	ⓐ 썩은, 타락한, 부패한 [= corrupt] The branch was so rotten that it just broke off. 그 가지는 너무 썩어서 그만 부러져 버렸다.
32 □□□	**sound** [saund]	ⓝ 소리 ⓥ (~ 하게) 들리다 ⓐ 현명한, 건전한, 타당한 Although all fish can hear, all can not make sounds. 모든 물고기가 소리를 들을 수 있을 지라도 모두가 소리를 낼 수는 없다. Their policies are environmentally sound. 그들의 정책들이 환경적으로 타당하다.
33 □□□	**stage** [steidʒ]	ⓝ 무대, (성장, 발달 등의) 단계 [= step, level] Precious costumes and stage designs of the opera came to Korea. 오페라의 귀중한 의상과 무대 디자인이 한국에 왔다.
34 □□□	**standard** [stǽndərd]	ⓝ 표준 ⓐ 표준의 They became certified to be in compliance with the American standards. 그들은 미국 기준에 따라 자격을 갖추게 되었다.
35 □□□	**survival** [sərváivəl]	ⓝ 생존 It is very common for animals in the struggle for survival. 동물들이 생존하려고 노력하는 것은 매우 흔하다. survive ⓥ 생존하다

36 ☐☐☐	**possess** [pəzés]	ⓥ 소유하다 [= own, hold, retain] The child possessed a talent for composing without formally studying music. 그 아이는 정식으로 음악을 공부하지 않고도 작곡에 관한 재능을 지녔다. possession ⓝ 소유, 점령 possessive ⓐ 소유욕이 강한

37 ☐☐☐	**theft** [θeft]	ⓝ 절도, 도둑질 Poverty is no excuse for theft. 가난이 도둑질의 구실은 되지 않는다. thieve ⓥ 훔치다

38 ☐☐☐	**undergo** [ə,ndərgouˈ]	undergo - underwent - undergone ⓥ ~을 겪다, 경험하다, 견디다 undergo hardships 역경을 겪다. The theory has undergone several minor revisions. 그 학설은 몇 가지 작은 수정이 가해졌다. They had to undergo intensive training every day. 그들은 매일 강도 높은 훈련을 견디내야 했다.

39 ☐☐☐	**urgent** [ə́ːrdʒənt]	ⓐ 긴급한, 절박한 [= pressing, immediate, desperate] The boss instructed us to transfer urgent calls to him. 상사는 우리에게 긴급한 전화는 그에게 연결하도록 지시했다. urgency ⓝ 긴급(함), 절박(함)

40 ☐☐☐	**usage** [júːsidʒ]	ⓝ 사용법 [= use] The origin of the usage comes supposedly from a card game. 이 용법의 기원은 아마 카드게임에서 유래한다.

41 ☐☐☐	**assemble** [əsembl]	모으다, 조립하다 [= put together] All the students were asked to assemble in the main hall. 모든 학생들을 중앙 홀에 모이게 했다. The shelves are easy to assemble. 그 선반들은 조립이 쉽다. assembling line (조립라인)
42 ☐☐☐	**awkward** [ɔːkwərd]	ⓐ 어색한, 서투른, 곤란한 Her speech was a little awkward but it moved the audience. 그녀의 연설은 약간 서툴렀지만 그럼에도 불구하고 그것은 관객들을 감동시켰다.
43 ☐☐☐	**condense** [kəndens]	ⓥ 응결되다, 농축되다, 압축하다 When cooled, vapor is condensed into liquid water. 수증기는 냉각되면 액체 상태의 물로 응결된다. condensation ⓝ 물방울, 응결 condensable ⓐ 응축할 수 있는, 요약할 수 있는
44 ☐☐☐	**corrode** [kəroud]	ⓥ 부식시키다, 부식하다 The molten state was so reactive that it corroded nearly every container it encountered. 녹은 상태에서는 화학 반응이 잘 일어나서 그것을 담은 거의 모든 용기를 부식시켰다. corrosion ⓝ 부식 corrosive ⓐ 부식성의
45 ☐☐☐	**counteract** [kauntərækt]	ⓥ 대응하다 Relaxation will counteract the physiological effects of stress. 휴식은 스트레스의 생리학적인 영향에 대응할 것이다. counteraction ⓝ 중화작용, 반작용 counteractive ⓐ 반작용의

46 □□□	**culprit** [kʌlprɪt]	ⓝ 범인, 범죄자

The police department used video footage to locate the culprit.
경찰서는 범인의 소재를 찾기 위해 비디오 영상을 사용했다.

A few hours after the theft, the culprit was apprehended in his home.
도난 사건 몇 시간 후에 범인이 그의 집에서 체포되었다.

47 □□□	**delegate** ⓝ [delɪgət] ⓥ [delɪgeɪt]	ⓝ 대표, 대리인 ⓥ (권한 등을) 위임하다, 파견하다

Responsibilities were delegated to the vice president during the president's absence.
대통령의 부재 동안 부통령에게 책임이 위임되었다.

delegation ⓝ 위임
delegator ⓝ 대표자

48 □□□	**diverge** [daɪvɜːrdʒ]	ⓥ 갈라지다, 분기하다, 나뉘다

They said goodbye when their routes diverged at the intersection.
그들은 교차로에서 길이 갈라질 때 작별인사를 했다.

divergence ⓝ 분화, 차이

49 □□□	**dwindle** [dwɪndl]	ⓥ 점차 감소하다, 떨어지다

Thankfully, the world illiteracy rate is dwindling.
다행스럽게도, 세계의 문맹 비율이 점차 감소하고 있다.

Membership of the club has dwindled from 70 to 20.
이 클럽의 회원이 70명에서 20명으로 줄었다.

50 □□□	**elicit** [ilísit]	ⓥ (~ 에서) 끌어내다 [= draw forth]

A teacher elicits several responses.
선생님은 여러 가지 가능한 대답을 유도한다.

51 □□□ **emancipate**
[imǽnsəpèit]

ⓥ 해방시키다 [= liberate, release]

Contrary to popular belief, Lincoln did not intend to emancipate slaves.
일반적인 생각과 달리 링컨은 노예 해방을 의도하지 않았다.

---

52 □□□ **emulate**
[émjulèit]

ⓥ 모방하다 [= imitate]

The boy tried to emulate the famous baseball player.
그 소년은 유명한 야구선수를 따라하려고 애썼다.

He tries to dress uniquely, rather than emulating other's fashion.
그는 다른 이들의 패션을 모방하기 보다는 독특하게 옷을 입으려고 노력한다.

emulation ⓝ 모방

---

53 □□□ **feasible**
[fiːzəbl]

ⓐ 실행 가능한, 그럴듯한

Moving to a new office will not be feasible for at least two years.
새로운 사무실로 이사하는 것은 최소 2년 동안은 실행 가능하지 않을 것이다.

---

54 □□□ **gloomy**
[glúːmi]

ⓐ 우울한, 암담한, 음침한

It's such a gloomy day because of the dark clouds.
먹구름 때문에 너무나 우울한 날이다.

---

55 □□□ **inhale**
[inhéil]

ⓥ (숨을) 들이마시다, 흡입하다 ↔ [exhale 숨을 내쉬다]

Animals inhale oxygen and exhale carbon dioxide into the air.
동물들은 공기 중으로 산소를 들이쉬고 이산화탄소를 내쉰다.

56 ☐☐☐	**lethal** [liːθl]	ⓐ 치명적인 [= fatal, deadly] One of the chemicals in the dead virulent bacteria carries the hereditary message that could make harmless bacteria lethal. 죽은 악성 박테리아에 있는 화학 물질 중 하나는 무해한 박테리아를 치명적으로 만들 수 있는 유전 정보를 전달한다. lethally ⓐ 치명적으로
57 ☐☐☐	**lucrative** [luːkrətɪv]	ⓐ 벌이가 되는, 유리한 The overseas venture would be lucrative but also quite risky. 해외 사업은 벌이가 될 것이지만 상당히 위험하기도 하다.
58 ☐☐☐	**sturdy** [stɜːrdi]	ⓐ 견고한, 튼튼한 [= robust] The building is sturdy and can withstand earthquakes. 그 건축물은 견고하여 지진을 견딜 수 있다.
59 ☐☐☐	**substitute for**	대신하다, 대체하다 [= replace] ⓝ 대체물 The local bus service was a poor substitute for their car. 지역의 버스 운행 서비스는 그들의 자가용을 제대로 대신해 주지 못했다.
60 ☐☐☐	**ventilate** [ventɪleɪt]	ⓥ 환기하다 Ventilate the room properly when stripping paint. 페인트를 벗겨 낼 때에는 방을 환기를 잘 하시오. ventilation ⓝ 통풍

DAY 08

117

DAY
09

이현아
취향저격
G-TELP
어휘 900

□ accident	□ dramatic	□ quarrel
□ acquire	□ envy	□ reciprocal
□ adoption	□ equal	□ scenery
□ advertisement	□ fade	□ spontaneously
□ anxiety	□ ferment	□ starvation
□ appeal	□ focus	□ storage
□ applause	□ fond	□ stress
□ average	□ forgive	□ survey
□ blossom	□ implicit	□ tenant
□ blue	□ impressive	□ terrific
□ bygone	□ inclination	□ tie
□ childlike	□ integrity	□ tiny
□ chilly	□ magnificent	□ tolerate
□ complacent	□ misdeed	□ trivial
□ concerted	□ needy	□ uneasy
□ contradictory	□ obstacle	□ vehicle
□ crowded	□ persuade	□ violence
□ crucial	□ principle	□ virtue
□ deliver	□ produce	□ with regard to
□ demand	□ put off	□ wonder

01 □□□
accident
[ǽksɪdənt]

ⓝ 사고, 재난, 우연

There was a large accident on the highway this morning.
오늘 아침에 고속도로에서 대형 사고가 있었다.

accidental ⓝ 우연한, 돌발적인

---

02 □□□
acquire
[əkwáiər]

ⓥ 얻다, 취득하다, 습득하다

These countries will not stop their offensive maneuvers until they acquire nuclear weapons.
이런 나라들은 그들이 핵무기를 손에 넣을 때까지 공격적인 책략을 멈추지 않을 것이다.

acquisition ⓝ 획득, 습득

---

03 □□□
adoption
[ədápʃən]

ⓝ 양자 입양, 채택

William works at an adoption organization.
William은 입양기관에서 일한다.

adopt ⓥ 채택하다, 입양하다

---

04 □□□
advertisement
[ædvərtáizmənt]

ⓝ (신문, TV 등의) 광고 [= commercial]

A single advertisement does more than promote the product or service.
광고 한 편은 상품이나 서비스를 홍보하는 것 이상의 역할을 한다.

advertise ⓥ 광고하다

---

05 □□□
anxiety
[æŋzáiəti]

ⓝ 걱정, 근심 [= concern], 갈망

Computer can cause anxiety and sleep loss.
컴퓨터는 불안과 수면부족을 초래할 수 있다.

anxious ⓐ 걱정하는

이헌아 취향저격 지텔프 어휘 900

06 ☐☐☐	**appeal** [əpíːl]	ⓥ (도움 등) 호소하다, 흥미를 끌다 ⓝ 호소, 매력 I think that the Pope appealed for peace in the world. 나는 교황이 세계 평화를 호소한다고 생각한다. appealing ⓐ 매력적인, 마음을 끄는
07 ☐☐☐	**applause** [əlplɔ́ːz]	ⓝ 박수갈채 The announcement was greeted with applause and cheers. 귀청이 터질 듯한 박수로 응답하다.
08 ☐☐☐	**average** [ǽvərid3]	ⓝ 평균 ⓐ 평균의, 보통 수준의 On average, a hair strand's life span is about five years. 평균적으로 머리카락 한 가닥의 평균 수명은 약 5년이다. on average (평균적으로)
09 ☐☐☐	**blossom** [blásəm]	ⓝ 꽃 ⓥ 꽃피다, 번영하다 The cherry came into blossom early in Washington this year. 올해 워싱턴은 벚꽃이 일찍 피기 시작했다.
10 ☐☐☐	**blue** [bluː]	ⓝ 파란색 ⓐ 파란, 우울한 [= depressed] Jake looked blue after he broke up with his girlfriend. Jake는 여자 친구와 헤어진 후에 우울해 보였다.

DAY 09

121

11 □□□	**childlike** [ʧáildlàik]	ⓐ 어린아이다운, 순진한, 천진한 Derek never lost his childlike innocence. Derek은 결코 어린아이다운 순수함을 잃지 않았다.
12 □□□	**chilly** [ʧíli]	ⓐ 쌀쌀한, 으스스한, 냉담한 It is still chilly outside due to the spring frost. 바깥은 아직도 꽃샘추위 때문에 쌀쌀하다.
13 □□□	**crowded** [kráudid]	ⓐ 붐비는, 혼잡한 [= busy, congested] All the amusement parks in Korea will be very crowded. 한국에 있는 모든 놀이공원은 매우 번잡할 것이다.
14 □□□	**crucial** [krú:ʃəl]	ⓐ 중대한, 결정적인 [= vital, important] Speed is crucial to our success. 속도는 우리의 성공에 있어서 매우 중요하다.
15 □□□	**deliver** [dilívər]	ⓥ 배달하다, (연설 등을) 하다, 말하다 Sometimes body language can deliver messages more effectively than words. 때때로 신체 언어는 말보다 메시지를 더 효과적으로 전달할 수 있다. deliver [make] a speech (연설하다) delivery ⓝ 배달, 배달물품

이현아 취향저격 지텔프 어휘 900

16 ☐☐☐	**demand** [dimǽnd]	ⓥ 요구하다 [= ask for] ⓝ 요구, 주장 [= claim, request], 수요 ↔ [supply 공급] At work, people produce goods and services that society demands. 직장에서 사람들은 사회가 요구하는 재화와 용역을 생산한다.

17 ☐☐☐	**dramatic** [drəmǽtik]	ⓐ 극적인, 급격한 [= remarkable, significant, substantial], 연극의, 인상적인 [= impressive] a dramatic performance of Gone With the Wind 「바람과 함께 사라지다」의 상연 Science has changed every corner of our society at a dramatic speed. 과학은 우리의 사회의 구석구석을 극적인 속도로 바꾸어 왔습니다. dramatically ⓐⓓ 급격하게 dramatize ⓥ 극화하다, 각색하다

DAY 09

18 ☐☐☐	**envy** [énvi]	ⓥ 부러워하다, 질투하다 ⓝ 질투, 부러움 He couldn't conceal his envy of me. 그는 나에 대한 부러움을 감추질 못했다.

19 ☐☐☐	**equal** [íːkwəl]	ⓐ (지위, 입장 등이) 같은, 동등한 ⓥ ~ 와 같다, 필적하다 Gender equality exists in terms of equal opportunity. 양성 평등은 기회의 균등이라는 측면에서 존재한다.

20 ☐☐☐	**fade** [feid]	ⓥ (빛깔이) 바래다, (소리가) 사라지다, (꽃이) 시들다 Long exposure to sunlight can bleach and fade the colors of objects. 장시간 햇빛 노출은 물체를 표백해 색을 바래게 할 수 있다.

이휘아 취향저격 지텔프 어휘 900

21 ☐☐☐	**focus** [fóukəs]	ⓥ 집중하다 [= concentrate], 초점을 맞추다 ⓝ 관심 (사), 집중 This debate is focused on the principles of science and its use. 이 논란은 과학과 그 사용의 원리에 초점이 맞춰져 있다. focus on (~ 에 집중하다)
22 ☐☐☐	**fond** [fand]	ⓐ 좋아하는 Over the years, I have grown quite fond of her. 세월이 흐르면서, 나는 그녀를 아주 좋아하게 되었다. be fond of (~ 을 좋아하다)
23 ☐☐☐	**forgive** [fərgív]	forgive - forgave - forgiven ⓥ 용서하다 I'll never forgive her for what she did. 난 그녀가 한 일을 결코 용서하지 않을 것이다.
24 ☐☐☐	**impressive** [imprésiv]	ⓐ 인상적인, 감동적인 ↔ [unimpressive 인상적이지 않은, 감동을 주지 않는] The report revealed that the internet is growing at an impressive pace. 보고서는 인터넷은 인상적인 속도로 성장하고 있다고 밝혔다. impress ⓥ 인상주다, 감명주다 impression ⓝ 인상, 감명
25 ☐☐☐	**persuade** [pərswéid]	ⓥ 설득하다, 권하여 ~ 시키다, 납득시키다 [= convince] We cannot persuade ourselves that the government is in earnest on this point. 우리는 이 점에 대해 정부가 아주 진지하다고 우리 자신을 납득시킬 수 없다. persuade A to do (A가 ~ to do 하도록 설득하다) persuasion ⓝ 설득, 타이르기 persuasive ⓐ 설득력이 있는

26 □□□	**principle** [prínsəpl]	ⓝ 원리, 원칙 The same principle may apply to our personal history. 우리의 개인 역사에 같은 원칙이 적용될지도 모른다. in principle (원칙적으로)

27 □□□	**produce** [prədjúːs]	ⓥ 생산하다, 제조하다 ⓝ 농산물 France is famous for producing wine of the most outstanding quality. 프랑스는 가장 최상의 품질의 와인을 생산하기로 유명하다. production ⓝ 생산, 제작 product ⓝ 제품 productivity ⓝ 생산성 productive ⓐ 생산적인

28 □□□	**scenery** [síːnəri]	ⓝ 풍경 Countless tourists visit Maldives every year to enjoy the beautiful scenery. 수많은 관광객들은 매년 아름다운 광경을 감상하기 위해 몰디브를 방문한다.

29 □□□	**storage** [stɔ́ːridʒ]	ⓝ 저장, 창고 The internal storage of a desktop computer is far safer in comparison. 비교해 봤을 때 데스크톱 컴퓨터의 내부 저장이 훨씬 더 안전하다. store ⓥ 저장하다

30 □□□	**stress** [stres]	ⓝ (정신적) 스트레스, 강조 [= emphasis], 강세 ⓥ 강조하다, 강세를 붙이다 Things can easily go wrong when people are under stress. 사람이 스트레스를 받고 있으면 일이 쉽게 잘못될 수가 있다. lay [put, place] stress on (~ 을 강조하다) stressful ⓐ 스트레스가 많은

125

DAY 09

31 survey
□□□ [sərvéi]

ⓝ 조사 ⓥ 조사하다, 연구하다

The researchers surveyed almost 7,000 teens across the United States.
연구원들은 미국 전역의 7,000명 가까운 청소년들을 조사했다.

32 terrific
□□□ [tərífik]

ⓐ 아주 좋은, 멋진, 훌륭한 [= great]

I feel absolutely terrific today.
나는 오늘 기분이 그야말로 기막히게 좋아.

33 tie
□□□ [tai]

ⓥ 묶다, 연결하다, 결합하다 ⓝ 넥타이, 유대, 인연

We hope that cultural exchanges will further improve ties between the U.S. and North Korea.
우리는 문화적인 교류가 미국과 북한 사이의 유대를 개선시켜 줄 것을 희망한다.

34 tiny
□□□ [táini]

ⓐ 매우 작은

Viewed from the ground, he looked like a tiny dot.
땅에서 보면 그는 아주 작은 점처럼 보였다.

35 tolerate
□□□ [tálərèit]

ⓥ 참다, 견디다, 허용하다

The anxiety and frustration are not tolerated for young students.
어린 학생들에게 걱정과 좌절감은 참을 수 없다.

tolerance ⓝ 관대, 관용, 인내
tolerant ⓐ 관대한, 아량있는

이권이 취향저격 지털프 어휘 900

36 ☐☐☐	**uneasy** [ʌníːzi]	ⓐ 불안한, 걱정되는 [= nervous, worried] ↔ [relaxed 마음 편한] I sometimes feel uneasy about breaking some old customs. 나는 때때로 오래된 관습을 깨는 것에 대해 불안하다.
37 ☐☐☐	**vehicle** [víːikl]	ⓝ 차량, 탈것, 운송 수단 Instead, they are considering displaying the vehicle at car shows around the world. 대신에, 그들은 세계 모터쇼에서 자동차를 전시하는 것을 고려중이다.
38 ☐☐☐	**violence** [váiələns]	ⓝ 폭력, 격렬, 맹렬 They can be used to prevent violence and other crimes. 그들은 폭력과 다른 범죄들을 예방하기 위해서 사용될 수 있다. violent ⓐ 폭력적인, 격렬한
39 ☐☐☐	**virtue** [vəːrtʃuː]	ⓝ 미덕, 장점, 이점 Of all virtues, cheerfulness and enthusiasm are the most profitable. 모든 미덕 중에서 쾌활함과 열의가 가장 유익하다. virtuous ⓐ 덕 있는, 고결한
40 ☐☐☐	**wonder** [wʌndər]	ⓥ 궁금해 하다 ⓝ 경탄, 불가사의 The Great Wall of China is one of the ancient wonders of the world. 만리장성은 세계의 고대 불가사의 중 하나이다. wonderful ⓐ 아주 멋진

DAY 09

127

이현아 취향저격 지털프 어휘 900

| 41 ☐☐☐ | **bygone** [baiˈgɔ,n] | ⓝ 과거의 일 ⓐ 지나간, 옛날의 [= past]

Let bygone be bygones.
과거는 과거일 뿐이다.

About what goes on today hangs a cloud of thoughts concerning similar things undergone in bygone days.
오늘 일어나고 있는 일 주위로 지난날에 겪은 비슷한 일에 관한 많은 생각이 떠돈다. |

| 42 ☐☐☐ | **complacent** [kəmpleɪsnt] | ⓐ 자기만족의, 현실에 안주하는

There's a danger of becoming complacent if you win a few games.
네가 몇 경기에서 이긴다면, 자만하게 될 위험이 있다. |

| 43 ☐☐☐ | **concerted** [kəns3ːrtɪd] | ⓐ 합의된, 협동의

We should make a concerted effort to finish it on time.
우리는 그것을 제시간에 끝낼 수 있도록 공동의 노력을 기울여야 한다. |

| 44 ☐☐☐ | **contradictory** [kɑːntrədɪktəri] | ⓐ 모순되는

We are faced with two apparently contradictory statements.
우리는 분명히 모순되는 두 가지 진술을 대하고 있습니다.

contradict ⓥ 모순되다, 반박하다
contradiction ⓝ 모순, 반박 |

| 45 ☐☐☐ | **ferment** [fərment] | ⓥ 발효시키다, 발효되다 ⓝ 소동, 동요

Fruit juices ferment if they are kept for too long.
과일 주스는 너무 오래 두면 발효된다.

The country is in ferment.
온 나라가 들끓고 있다. |

46 ☐☐☐	**implicit** [ɪmplɪsɪt]	ⓐ 내포된, 내재적인, 암시된

I have an implicit understanding of other cultures.
나는 다른 문화에 대한 내재적인 이해를 갖고 있다.

imply ⓥ 암시하다

47 ☐☐☐	**inclination** [ìnklənéiʃən]	ⓝ 성향, 의향 [= nature, propensity, trend]

He has an inclination toward conservatism.
그는 보수적 경향이 있다.

Because of this inclination, researchers suggest that when correcting bad behavior, efforts should be focused on siblings.
이러한 성향 때문에, 연구원들은 나쁜 행동을 고칠 때 형제자매들에 노력이 집중되어야 한다는 것을 시사하고 있다.

incline ⓥ 기울다, ~할 경향이 있다, ~하고 싶어지다
inclined ⓐ 기울어진, 경향이 있는, ~하고 싶은

48 ☐☐☐	**integrity** [ɪntegrəti]	ⓝ 정직, 성실성, 완전한 상태, 온전함

When teachers allow students to ask them about life questions, they feel that their education has more integrity.
선생님들이 학생들에게 인생에 대한 질문을 할 수 있게 해줄 때, 그들은 교육이 더 진실성을 가지고 있다고 느낀다.

49 ☐☐☐	**magnificent** [mægnɪfɪsnt]	ⓐ 장대한, 참으로 아름다운, 당당한

The Taj Mahal is a magnificent building.
타지마할은 참으로 감명 깊은 건축물이다.

50 ☐☐☐	**misdeed** [mɪsdiːd]	ⓝ 잘못된 행동, 비행

Morality emphasizes everyday misdeeds.
도덕은 일상에서의 잘못된 행동들을 강조한다.

51 ☐☐☐	**needy** [níːdi]	ⓐ 궁핍한, 어려운 It's a charity that provides help for needy children. 어려운 아이들에게 도움을 주는 것이 바로 자선단체이다.
52 ☐☐☐	**obstacle** [ábstəkl]	ⓝ 문제, 어려움, 장애물, 방해물 The question remains the single biggest obstacle to relations. 그 문제는 관계에서 가장 큰 걸림돌이 된다.
53 ☐☐☐	**put off**	뒤로 미루다, 연기하다 [= delay] Worriers often put things off for as long as possible. 걱정을 많이 하는 사람들은 종종 가능한 한 오랫동안 일을 미룬다.
54 ☐☐☐	**quarrel** [kwɔ́ːrəl]	ⓥ 싸우다, 말다툼하다 ⓝ 말다툼, 싸움 They had a quarrel about money. 그들은 돈 문제로 다퉜다. quarrelsome ⓐ 싸우기 좋아하는, 논쟁하기 좋아하는
55 ☐☐☐	**reciprocal** [rɪsɪprəkl]	ⓐ 상호 간의 [=mutual] The relationship between a child and caregiver gradually evolves out of reciprocal interest. 아이와 아이를 돌봐 주는 사람 간의 관계는 상호 이해관계를 넘어서 점차 발전해 나간다. reciprocally ⓐⓓ 서로

56 ⬜⬜⬜	**spontaneously** [spantéiniəsli]	⒜ 자발적으로, 자연스럽게 When exposed to air, the substance spontaneously burst into flame. 공기에 노출되었을 때, 그 물질은 저절로 확 타올랐다. As soon as the aftershock passed, people spontaneously arose and cheered. 여진이 지나가자마자, 사람들은 자연스럽게 일어나서 환호했다. spontaneous ⓐ 자발적인, 즉흥적인
57 ⬜⬜⬜	**starvation** [stɑːrvéiʃən]	ⓝ 기아, 굶주림 The charity is trying to raise public awareness of the droughts that have led to starvation in some African countries. 그 자선 단체는 몇몇 아프리카 국가에서 기아를 초래한 가뭄에 대해 대중의 의식을 고취시키려고 노력하고 있다. starve ⓥ 굶주리다
58 ⬜⬜⬜	**tenant** [ténənt]	ⓝ 세입자, 소작인 ⓥ 임차해서 살다 The apartment complex has a strict set of guidelines that all tenants are expected to follow. 그 아파트 단지는 모든 세입자들이 따라야 하는 일련의 엄격한 지침을 가지고 있다.
59 ⬜⬜⬜	**trivial** [trɪviəl]	ⓐ 사소한, 하찮은 [= trifling] We decide what is important or trivial in life. 우리는 삶에서 무엇이 중요하고 사소하냐를 결정한다.
60 ⬜⬜⬜	**with regard to**	~에 관하여, ~에 대하여 With regard to the shareholders, the company's failure to adapt to changing trends in technology generated the most concern. 주주들과 관련하여, 변화하는 기술 동향에 대한 적응에 실패한 그 회사는 많은 우려를 낳았다.

DAY 09

DAY 10

이현아

취향저격
G-TELP
어휘 900

□ adapt
□ adequate
□ adjoin
□ admit
□ antique
□ architect
□ ashore
□ billboard
□ boast
□ boil
□ carry
□ chop
□ competition
□ complain
□ complete
□ construction
□ council
□ critically
□ crop
□ dismiss

□ dispute
□ duty
□ engage
□ era
□ erase
□ escape
□ export
□ express
□ find
□ fit
□ flavor
□ flood
□ follow
□ heal
□ hire
□ horizontal
□ indulge
□ influential
□ insight
□ overestimate

□ permanent
□ portrait
□ prior
□ prison
□ prologue
□ reject
□ residue
□ slap
□ spine
□ summit
□ superficial
□ supreme
□ surpass
□ technician
□ tool
□ trespass
□ vegetable
□ venture
□ victim
□ witness

이현아 취향저격 지텔프 어휘 900

01 ☐☐☐	**adapt** [ədǽpt]	ⓥ 적응하다, (상황에 맞게) 변경하다, 각색하다 She joined the charity trip to help the injured servicemen adapt to civilian life. 그녀는 상처를 입은 군인들이 민간 삶에 적응하도록 돕기 위해 자선 여행에 동참했다. adapt to N (~ 에 적응하다) adaptation ⓝ 각색, 개조, 적응
02 ☐☐☐	**admit** [ædmít]	ⓥ 인정하다, 시인하다 ↔ [deny 부인하다], (입장, 입학을) 허가하다 It's difficult for me to admit when I'm wrong. 나는 내가 틀렸을 때 그것을 인정하는 것이 힘들다. admittedly ⓐⓓ 인정하건대 admission ⓝ 입장, 승인
03 ☐☐☐	**antique** [æntíːk]	ⓐ 고대의, 골동품의 ⓝ 골동품 The word processor you are using is almost an antique. 당신이 사용하고 있는 워드 프로세서는 구식이다.
04 ☐☐☐	**architect** [áːrkətèkt]	ⓝ 건축가 Architect Dan Nelson has recently built his own house in Seoul. 건축가 Dan Nelson은 최근 서울에 그의 집을 지었다. architecture ⓝ 건축술, 건축학
05 ☐☐☐	**boast** [boust]	ⓥ 자랑하다, 큰소리치다 ⓝ 자랑, 허풍 She is such a foolish girl to boast about her money. 그녀는 그녀의 돈을 자랑하다니 정말 어리석다. boast of [about] (~ 을 자랑하다) boastful ⓐ 자랑하는, 뽐내는

06 ☐☐☐	**boil** [bɔil]	ⓥ 끓다, 익다, 끓이다, 삶다 Boil plenty of salted water, then add the spaghetti. 충분한 양의 물에 소금을 넣고 끓인 다음 스파게티를 넣어라. boiled ⓐ 삶은, 끓은
07 ☐☐☐	**carry** [kǽri]	ⓥ 나르다, 휴대하다 Lucy always carries around an umbrella even on sunny days. Lucy는 심지어 맑은 날에도 항상 우산을 가지고 다닌다.
08 ☐☐☐	**chop** [tʃap]	chop - chopped - chopped ⓥ 자르다, (고기, 야채) 잘게 썰다 I weep when I see someone chopping down a tree. 나는 누군가가 나무를 베어버리는 것을 볼 때 눈물이 난다.
09 ☐☐☐	**competition** [kàmpətíʃən]	ⓝ 경쟁, 대회, 시합 Competition provides a fair and equal opportunity to all the players. 경쟁은 모든 선수들에게 공정하고 똑같은 기회를 제공한다. compete ⓥ 경쟁하다, 겨루다 competitive ⓐ 경쟁의, 경쟁적인
10 ☐☐☐	**complain** [kəmpléin]	ⓥ 불평하다 He complained to the waitress about the food. 그는 여종업원에게 음식에 대해 불평했다. complaint ⓝ 불평, 불만

DAY 10

135

11 ▢▢▢	**complete** [kəmplíːt]	ⓐ 전부의, 완성된, 완전한 ⓥ 완료하다, 끝마치다

All the teachers at each school should follow the complete standardization.
모든 선생님들은 각 학교의 완전한 표준화된 과정을 따라야 한다.

completion ⓝ 완성, 완료

12 ▢▢▢	**construction** [kənstrʌ́kʃən]	ⓝ 건설, 건축 ↔ [destruction 파괴]

The main stadium will be designed by an Australian construction company.
주경기장은 호주 건설업체에 의해 설계될 것이다.

under construction (공사 중인, 건설 중)

construct ⓥ 건설하다
constructive ⓐ 건설적인

13 ▢▢▢	**critically** [krítikəli]	ⓐ 비판적으로, 심각하게

Three of the four species are already critically endangered.
4개의 종 중 3개가 벌써 심각하게 멸종되었다.

criticize ⓥ 비판하다
critic ⓝ 비평가

14 ▢▢▢	**crop** [krɑp]	ⓝ 농작물, (연간) 수확량

Rise is the country's most important crop.
쌀은 국가의 가장 중요한 농작물이다.

15 ▢▢▢	**duty** [djúːti]	ⓝ 의무, 책임 [= responsibility] 임무, [복수] 관세, 세금

Her duties were to look after the team's legal and business matters.
그녀의 임무는 팀의 법적 사업 문제들을 처리하는 것이었다.

on duty (근무 중인)
off duty (비번인, 근무 시간 외의)

이현이 취향저격 지텔프 어휘 900

16 □□□	**engage** [ingéidʒ]	ⓥ 약혼시키다, 고용하다 [= hire], 참여하다, 관여하다 [= take part in]

Children should be allowed to fully integrate and engage in this society.
아이들은 이 사회에 전적으로 통합되고 참여할 수 있도록 허락받아야 한다.

engage in (~ 에 참여하다)

engagement ⓝ 참여, 개입, 약혼

17 □□□	**era** [íərə]	ⓝ 시대 [= age, period, time]

One of the most desired technologies in the modern era is green technology.
현대 시대에 가장 희망했던 기술들 중의 하나는 녹색 기술이다.

18 □□□	**erase** [iréis]	ⓥ (글자 등을) 지우다

She tried to erase the memory of that evening.
그녀는 그날 저녁의 기억을 지워 버리려고 애썼다.

eraser ⓝ 지우개

19 □□□	**escape** [iskéip]	ⓥ 달아나다, 탈출하다, (위험 등을) 모면하다 ⓝ 도망, 탈출, 모면

Three men escaped from prison last night.
세 명의 남자들이 어젯밤에 감옥에서 탈출했다.

20 □□□	**export** [ikspɔ́ːrt]	ⓝ 수출, 수출품 ⓥ 수출하다 ↔ [import 수입하다]

The country's main exports also include fish and gold.
이 나라의 주요 수출품에는 또한 생선과 금이 포함되어 있다.

export A to B (A를 B로 수출하다)

exporter ⓝ 수출업자

137

21 ☐☐☐	**express** [iksprés]	ⓥ 표현하다, 나타내다 ⓐ 신속한, 급행의 In response, lawmakers are expressing dissatisfaction over the government for its decision. 응답으로 의원들은 정부 결정에 대한 불만을 표시하고 있다.
22 ☐☐☐	**find** [faind]	find - found - found ⓥ (우연히) 발견하다, 찾아내다, 깨닫다 Last month, a timber merchant visited his village to find some logs. 지난 달 통나무를 찾기 위해 한 재목 상인이 그의 마을을 방문했다. find it difficult to do (~ 하는 것이 어렵다는 것을 깨닫다)
23 ☐☐☐	**dispute** [dispjúːt]	ⓥ 논쟁하다, 반론하다 [= argue, debate, refute] ⓝ 언쟁, 분쟁 A dispute over a car accident led to a physical fight between the drivers. 자동차 사고를 두고 벌어진 언쟁이 운전자들 간의 몸싸움으로 이어졌다. I had had a dispute with a person and I was really angry. 나는 어떤 사람과 논쟁을 했고 나는 정말로 화가 났다.
24 ☐☐☐	**fit** [fit]	ⓥ (옷 등이) 꼭 맞다, 적합하다 ⓐ 건강에 좋은, 맞는 [= suitable] The only problem is finding clothes and shoes to fit her. 한 가지 문제는 그녀에게 맞는 옷과 신발을 찾는 것이다.
25 ☐☐☐	**flavor** [fléivər]	ⓝ 맛, 풍미 ⓥ (~ 으로) 맛을 내다 The seasoning brings out the flavor of the meat. 조미료가 고기 맛을 더 불러일으킨다. flavoring ⓝ 조미료, 향료

이현아 취향저격 지텔프 어휘 900

26 □□□	**flood** [flʌd]	ⓥ 물에 잠기게 하다, 범람하다, 물에 잠기다 ⓝ 홍수 Many people from all over the world suffer from floods every year. 전 세계의 많은 사람들은 매년 홍수로 고통을 받는다.
27 □□□	**follow** [fálou]	ⓥ 따라가다, (순서) ~ 의 뒤를 잇다, (명령) 따르다 [= obey], 잇달아 일어나다 If you are a Christian, you should follow the teachings for Jesus. 만약 여러분이 기독교인이라면, 당신은 예수님의 가르침을 따라야 한다. following ⓝ 신봉자, 숭배자, 애독자
28 □□□	**reject** [ridʒékt]	ⓥ 거부하다, 거절하다 Moral standards are often supported or rejected. 도덕적 기준은 흔히 지지를 받거나 거부된다. rejection ⓝ 거부, 거절
29 □□□	**heal** [hiːl]	ⓥ 고치다, 낫게 하다, 치료하다 [= cure] I would like to heal people's hearts naturally by playing the piano. 나는 피아노 연주를 함으로써 사람들의 마음을 자연스럽게 치유하고 싶다. healing ⓝ 치유, 치료
30 □□□	**hire** [haiər]	ⓥ 고용하다 [= employ] Keep in mind that lawyers are hired to protect the client, not the law. 변호사들은 법이 아니라 의뢰인을 보호하기 위해서 고용된다는 것을 명심해라. hiring ⓝ 고용

DAY 10

139

31 insight
□□□ [ínsàit]

ⓝ 통찰력, 이해, 식견

Stories that confront life's problems with candor may provide insights.
삶의 문제들을 솔직하게 직면하는 이야기들은 통찰력을 제공해 줄지 모른다.

He had the ability to inspire people, unique strategic insight, and relentless passion.
그는 사람들을 격려하는 능력, 독특한 전략적 통찰, 그리고 끈질긴 열정을 가지고 있었습니다.

insight on (~에 대한 식견)
give insight (통찰력을 부여하다)

32 prior
□□□ [práiər]

ⓐ 앞의, 사전의 [= earlier]

Anticipation was high prior to the World Cup between the United States and Belgium.
월드컵에 앞서 미국과 벨기에 사이에서 기대가 고조되었다.

prior to (~에 앞서, 전에)

priority ⓝ 우선순위

33 prison
□□□ [prízn]

ⓝ 교도소, 감옥

Recently, this scary prison was turned into a luxury hotel.
최근에 이 무서운 감옥은 호화스러운 호텔로 바뀌었다.

imprison ⓥ 가두다, 투옥시키다

34 summit
□□□ [sʌ́mit]

ⓝ (산의) 정상, 꼭대기, 정상회담

The summit is a meeting where the leaders from 20 countries get together.
정상회담은 20개국의 지도자들이 모이는 회의이다.

35 technician
□□□ [tekníʃən]

ⓝ (기계 등의) 기술자, 전문가 [= expert]

Academy technicians have been trained to identify and rectify the problem.
아카데미 사의 기술자들은 이 문제를 밝혀내어 바로 잡을 수 있도록 훈련받아왔다.

technic ⓝ 기술, 공예

| 36 □□□ | **tool** [tu:l] | ⓝ 도구, 연장

Our smartphone are also important tools for communicating with each other.
우리의 스마트폰은 서로 의사소통을 하기 위해 또한 중요한 도구이다. |

| 37 □□□ | **vegetable** [védʒətəbl] | ⓝ 채소, 식물

There are essential nutrients in green leafy vegetables.
채소의 녹색 잎에는 중요한 영양소들이 있다. |

| 38 □□□ | **venture** [véntʃər] | ⓥ 과감히 나아가다, 위험을 무릅쓰고 나서다 ⓝ 벤처사업

She will venture an opposite opinion.
그녀는 반대 의견을 과감하게 말할 것이다.

venturous ⓐ 대담한, 모험을 좋아하는 |

| 39 □□□ | **victim** [víktim] | ⓝ (전쟁, 사고 등의) 희생자, 피해자

They wanted to help the victims of the superstorm Sandy.
그들은 초강력 폭풍 Sandy의 희생자들을 도와주기를 원했다.

victimize ⓥ 희생시키다, 괴롭히나 |

| 40 □□□ | **witness** [wítnis] | ⓝ 목격자, 증인 ⓥ 목격하다

They asked the witness several questions about the accident.
그들은 목격자에게 그 사고에 대한 몇 가지 질문을 했다. |

DAY 10

41
☐☐☐

adequate
[ǽdikwət]

ⓐ 충분한, 적절한, 알맞은

I packed an adequate amount of clothing for my weekend trip.
나는 주말여행을 위해 충분한 옷가지를 챙겼다.

42
☐☐☐

adjoin
[ədʒɔ́in]

ⓥ 인접하다, 연결하다 ⓐ 인접한

A vacant lot adjoins his house.
그의 집은 공터에 인접해 있다.

adjoin A to B (A를 B에 결부시키다)

43
☐☐☐

ashore
[əʃɔ́ːr]

ⓐⓓ 물가에, 물가로, 육상에

The cruise included several days ashore.
그 유람선 여행에는 해안에서 머무는 날도 며칠 포함되어 있었다.

44
☐☐☐

billboard
[rézədjùː]

ⓝ 광고판, 게시판

Large billboards abruptly appeared at the side of roads.
큰 광고판들이 길가에 갑자기 나타났다.

45
☐☐☐

council
[káunsəl]

ⓝ (지방) 의회, 협의회, 자문위원회

The city council will meet to discuss urban development.
시의회는 도시 개발 문제를 의논하기 위해서 열릴 것이다.

46	**dismiss**	ⓥ 해고하다 [= fire, discharge], 묵살하다, 취소하다 [= cancel, call off]
☐☐☐	[dismís]	

He **dismissed** the opinion polls as worthless.
그는 여론 조사를 가치 없는 것으로 묵살했다.

dismissal ⓝ 해고, 묵살, 퇴거

47	**horizontal**	ⓐ 수평의 ↔ [vertical 수직의]
☐☐☐	[hɔ́ːrəzántl]	

Floors are **horizontal** and walls are vertical.
바닥들은 평평하고 벽들은 수직이다.

48	**indulge**	ⓥ 탐닉하다, 마음껏 하다, 만족시키다
☐☐☐	[indʌ́ldʒ]	

A good way to relieve stress is to **indulge** oneself at a spa.
스트레스를 해소하는 좋은 방법은 온천에서 마음껏 즐기는 것이다.

indulge in (~에 탐닉하다)

indulgence ⓝ 탐닉, 방종

49	**influential**	ⓐ 영향력 있는, 유력한
☐☐☐	[ìnfluénʃəl]	

An opposing opinion, which is becoming increasingly **influential**, has been expressed in academic circles.
점차 영향력이 커지고 있는 상반된 의견이 학계에서 표출되어 왔다.

influence ⓝ 영향, 요인
ⓥ ~에 영향을 끼치다

50	**overestimate**	ⓥ 과대평가하다 ↔ [underestimate 과소평가하다]
☐☐☐	[ouvərestɪmeɪt]	

While girls lack confidence, boys often **overestimate** their abilities.
여자 아이들은 자신감이 부족한 반면, 남자 아이들은 자신들의 능력을 종종 과대평가한다.

overestimation ⓝ 과대평가

143

51 □□□ **permanent**
[pə́ːrmənənt]

ⓐ 영구적인, 영속하는

The foreign worker applied for permanent residence in America.
그 외국인 노동자는 미국에서 영구 거주를 신청했다.

---

52 □□□ **portrait**
[pɔ́ːrtrit]

ⓝ 초상, 초상화

The artists are drawing a portrait of a model.
화가들이 모델의 초상화를 그리고 있다.

portray ⓥ 묘사하다

---

53 □□□ **prologue**
[próulɔːg]

ⓝ 머리말 ↔ [epilogue 후기, 끝말], (극, 오페라) 서막, 발단

The prologue to the novel is written in the form of a newspaper account.
소설의 도입부는 신문 기사의 형태로 쓰였다.

---

54 □□□ **residue**
[rézədjùː]

ⓝ 잔여물, 나머지

This is the best cleaning powder for removing soap residue in sinks.
이것은 싱크대의 세제 잔여물을 제거하는 데 가장 좋은 분말 세제이다.

---

55 □□□ **slap**
[slæp]

slap - slapped - slapped

ⓥ 찰싹 때리다 ⓝ 찰싹 때림

I saw an old man slap a man across the face a few minutes.
나는 조금 전에 나이든 노인이 남자 뺨을 때리는 것을 보았다.

56 □□□	**spine** [spain]	ⓝ 척추 [= backbone] A sudden scream sent a chill down my spine. 갑작스러운 비명 소리에 등골이 오싹했다.
57 □□□	**superficial** [sùːpərfíʃəl]	ⓐ 피상적인, 표면적인 Most of the general public has only a superficial knowledge of politics. 대부분의 일반 대중은 정치에 대한 피상적인 지식만을 가지고 있다.
58 □□□	**supreme** [səpríːm]	ⓐ 최고의, 최상위의 He always disappears at the supreme moment. 그는 항상 가장 중요한 순간에 자리를 비운다. the Supreme Court (대법원)
59 □□□	**surpass** [sərpǽs]	ⓥ ~ 보다 낫다, ~ 을 능가하다 [= outdo] Our company surpassed a million dollars in annual exports last year. 우리 회사는 작년에 연간 수출액이 백만 달러를 넘었다.
60 □□□	**trespass** [tréspəs]	ⓥ 침입하다, 침해하다 [= encroach, infringe] trespass on forbidden ground 출입 금지 구역에 침입하다 It is illegal to trespass onto private property. 개인 소유지에 침입하는 것은 불법이다.

DAY 10

145

DAY
11

이현아
취향저격
G-TELP
어휘 900

- □ allow
- □ assault
- □ author
- □ authority
- □ average
- □ boundless
- □ colonize
- □ compose
- □ continent
- □ continue
- □ contract
- □ contrary
- □ convenient
- □ corridor
- □ damp
- □ deny
- □ earn
- □ earthquake
- □ encyclopedia
- □ engender

- □ fabricate
- □ fix
- □ flame
- □ furniture
- □ genius
- □ gifted
- □ halt
- □ hamper
- □ hence
- □ hide
- □ highlight
- □ hospitality
- □ impact
- □ indigestion
- □ instead
- □ instinct
- □ intake
- □ lack
- □ living
- □ local

- □ method
- □ mutual
- □ origin
- □ outcome
- □ parallel
- □ popular
- □ port
- □ quality
- □ reflect
- □ refund
- □ sacrifice
- □ scribble
- □ shelter
- □ situation
- □ slender
- □ source
- □ stubborn
- □ swiftly
- □ synthetic
- □ unearth

01 □□□	**allow** [əláu]	ⓥ ~을 가능하게 하다, 허용하다 [= permit, approve, enable] His parents won't allow him to stay out late. 그의 부모님은 그의 늦은 귀가를 용납하지 않는다. A ramp allows easy access for wheelchairs. 경사로가 있어서 휠체어 접근이 용이하다. allow A to do (A가 to do하는 것을 허용하다) allowance ⓝ 허용량, 용돈, 수당
02 □□□	**author** [ɔ́:θər]	ⓝ 작가, 저자 [= writer] My favorite author just released a new book. 내가 매우 좋아하는 작가가 이제 막 새로운 책을 출간했다.
03 □□□	**authority** [əθɔ́:rəti]	ⓝ 권한, 권력 [= power], 권위(자), [복수] 당국 He has the authority to tell his students what to do. 그는 그의 학생들에게 할 일을 말할 권한을 가지고 있다. authorize ⓥ 허가하다, 위임하다
04 □□□	**average** [ǽvəridʒ]	ⓝ 평균의, 보통 수준의 On average, a hair strand's life span is about five years. 평균적으로 머리카락 한 가닥의 평균 수명은 약 5년이다. on average (평균적으로)
05 □□□	**compose** [kəmpóuz]	ⓥ 작곡하다, (음악, 시 문장 등을) 짓다, 구성하다 [= make up] That exam was composed of 20 questions. 그 시험은 20개의 문제로 구성되어 있다. He wrote and composed all of the songs in the album. 그는 앨범의 모든 곡을 작사 작곡했다. be composed of ~ 로 구성되다 composer ⓝ 작곡가, 작가 composition ⓝ 구성, 작곡, 작문

06 ☐☐☐	**continent** [kántənənt]	ⓝ 대륙, 육지 Rice is cultivated in over 100 countries and on every continent except Antarctica. 쌀은 남극대륙을 제외한 100개 이상의 국가와 모든 대륙에서 경작되고 있다. continental ⓐ 유럽 대륙의, 대륙풍의
07 ☐☐☐	**continue** [kəntínjuː]	ⓥ 계속하다, 계속되다 Likewise, students are able to continue to study over the summer. 마찬가지로, 학생들은 여름 동안 공부를 계속할 수 있다. continuous ⓐ 연속적인, 계속되는
08 ☐☐☐	**contract** [kántrækt]	ⓝ 계약(서) ⓥ 계약하다, 수축하다, 병에 걸리다. Under the terms of the contract, the job should have been finished yesterday. 계약 조건에 따르면 그 일은 어제 완료되었어야 했다. Glass contracts as it cools. 유리는 식으면 수축한다. contraction ⓝ 수축
09 ☐☐☐	**contrary** [kántreri]	ⓐ 정반대의, (~ 에) 반대되는 There is the contrary belief that too much advertising can cause damage. 너무나 많은 광고는 손해를 끼칠 수 있다는 정반대의 의견이 있다. on the contrary (정반대로) to the contrary (그와는 달리)
10 ☐☐☐	**convenient** [kənvíːnjənt]	ⓐ 편리한, 사용하기 쉬운 Since then, motorcycles have been a popular form of convenient transportation. 그때 이후로 오토바이는 편리한 운송의 인기 있는 형태였다. convenience ⓝ 편리함, 용이함

DAY 11

149

11 ☐☐☐	**earn** [əːrn]	ⓥ (돈을) **벌다**, (명성, 지위 등을) **얻다** In addition, he has earned a lot of money from his paintings so far. 게다가 그는 지금까지 그의 그림으로부터 돈을 많이 벌었다.
12 ☐☐☐	**earthquake** [əːrθkweik]	ⓝ 지진 The earthquake was a misfortune for thousands of people. 그 지진은 수천 명의 사람들에게 재앙이었다.
13 ☐☐☐	**fix** [fiks]	ⓥ 고치다, 준비하다, 고정시키다, (일시 등을) 결정하다 It took 30 days to fix the cracks and holes on the statue. 동상의 갈라짐과 구멍을 수리하는데 30일이 걸렸다. fixed ⓐ 고정된, 불변의
14 ☐☐☐	**flame** [fleim]	ⓝ 화염, 불꽃 The Olympic Flame is the most important symbol of the Olympic Games. 올림픽 성화는 올림픽 게임의 가장 중요한 상징이다.
15 ☐☐☐	**furniture** [fəːrnitʃər]	ⓝ 가구 From water bottles to furniture, plastic is all around us. 물병에서 가구에 이르기까지 플라스틱은 우리 주변 모든 곳에 있다.

16 □□□	**genius** [dʒíːnjəs]	ⓝ 천재(적 재능) Recently, a genius boy from Mexico City surprised the world. 최근, 멕시코시티의 한 천재 소년이 세상을 놀라게 했다.

17 □□□	**gifted** [gíftid]	ⓐ 타고난 재주가 있는, 천부적인 There are many gifted children in the world. 세상에는 천부적인 재능이 있는 어린이들이 많다. gift ⓝ 선물, 재주

18 □□□	**hamper** [hǽmpər]	ⓝ 방해, 좌절, 바구니 ⓐ ~을 방해하다, 저지시키다 [= obstruct, hinder, impede, handicap] The new equipment will help you overcome the obstacles that hamper your performance. 그 새 장비는 당신의 작업을 방해하는 장애물들을 극복하는 데 도움을 줄 것이다. The man is emptying his hamper on the street. 남자가 거리에서 바구니에 든 것들을 비우고 있다.

19 □□□	**hence** [hens]	ⓐ 그 까닭에, 지금부터, 향후 Hence, this forest has been preserved for 540 years. 그 결과, 이 숲은 540년간 보존되어 왔다.

20 □□□	**hide** [haid]	hide - hid - hidden ⓥ 숨기다, 숨다 Do not hide under a chair or a small desk. 의자 혹은 작은 책상 아래 숨지 마라.

151

| 21 | **impact**
[ímpækt] | ⓝ 영향, (물리적인) 충격 ⓥ 영향을 주다 |

A meteorite impact may have caused the extinction of the dinosaurs.
운석 충돌이 공룡의 멸종을 야기했을 지도 모른다.

Friendship networks have a big impact on body weight in children.
우정 네트워크는 어린이들의 몸무게에 엄청난 영향을 미친다.

have an impact on [upon] (~ 에 영향을 주다)

| 22 | **instead**
[instéd] | ⓐ 그 대신에 |

Instead, you should observe it through sunglasses or smoked glass.
대신에 여러분은 선글라스나 연기 유리를 통해서 그것을 관찰해야 한다.

| 23 | **instinct**
[ínstiŋkt] | ⓝ 본능, 직관, 직감 |

The survival instinct has become softer as less effort is required to survive.
생존 본능은 노력이 살아남는 것을 덜 요구할 때 더 부드러워졌다.

| 24 | **intake**
[inteik] | ⓝ 섭취량 |

Increase your intake of fresh fruit and vegetables.
신선한 과일과 채소의 섭취량을 늘려라.

| 25 | **lack**
[læk] | ⓝ 결핍, 부족 ⓥ ~ 이 부족하다, 결핍되다 |

One of the most recent explanations has been a lack of language skills.
가장 최근의 설명들 중의 하나는 언어 능력의 부족이었다.

26 ☐☐☐	**living** [lívin]	ⓐ 살아있는, 생존하는 ↔ [dead 죽은], 현존하는, 활발한 She's very old and has no living friends. 그녀는 매우 나이가 들었고, 살아있는 친구가 없다.
27 ☐☐☐	**local** [lóukəl]	ⓐ (특정) 지방의, 지역적인, 현지의 ⓝ 주민, 현지인 A local renewable energy company is paying for the bill. 지역의 한 재생 가능한 에너지 회사가 비용을 대고 있다.
28 ☐☐☐	**halt** [hɔːlt]	ⓥ 멈추다, 서다, 중단하다 [= stop, cease, terminate] The warring nations halted peace talks yesterday. 교전 중인 국가들은 어제 평화 회담을 중단했다.
29 ☐☐☐	**method** [méθəd]	ⓝ 방법, 방식 This method is special because it does not require any energy at all. 이 방법은 전혀 힘이 들지 않기 때문에 특별하다.
30 ☐☐☐	**mutual** [mjúːtʃuəl]	ⓐ 서로의, 상호의 I guess the fundamental solution should be mutual understanding and respect. 나는 근본적인 해결책은 상호 이해와 존중이라고 생각한다.

31 origin
☐☐☐ [ɔ́ːrədʒin]

ⓝ 기원, 유래, 태생 [= background]

The origin of their name goes back to the Middle Ages.
그들의 이름의 기원은 중세 시대로 거슬러 올라간다.

original ⓐ 최초의, 독창적인
ⓝ 원형, 원본

32 outcome
☐☐☐ [áutkʌm]

ⓝ 결과, 성과 [= result]

The state's responsibility is to make sure that negative outcomes don't take place.
국가의 책임은 부정적인 결과가 발생하지 않도록 하는 것이다.

33 popular
☐☐☐ [pápjulər]

ⓐ 인기 있는

Baseball is a popular sport and a great business in Korea.
한국에서 야구는 대중적인 스포츠이며 큰 사업이다.

popularity ⓝ 인기, 유행

34 port
☐☐☐ [pɔːrt]

ⓝ 항구

One of the most famous locations is the port of Hamburg.
가장 유명한 지역 중 하나는 함부르크 항구이다.

35 quality
☐☐☐ [kwáləti]

ⓝ 품질, 특성

The ministry hopes to improve the quality of education at public schools.
정부는 공립학교에서 교육의 질을 향상시키기를 희망한다.

이권아 취향저격 지텔프 어휘 900

36 ☐☐☐	**reflect** [riflékt]	ⓥ 반사하다, 비추다, 반영하다, 숙고하다, 곰곰이 생각하다 [= consider]

All these changes reflect how the words in the language are used.
모든 이러한 변화들은 언어에서 단어들이 어떻게 사용되는 지를 반영한다.

reflect on (~ 에 대해 숙고하다, 곰곰이 생각하다)

reflection ⓝ 반사, 반영, 심사숙고

37 ☐☐☐	**refund** [rifʌ́nd]	ⓝ 환불, 상환 ⓥ 환불하다, 상환하다

Customers must bring a receipt to get a refund.
고객들은 환불받기 위해 반드시 영수증을 지참해야 한다.

We will refund your money to you in full if you are not entirely satisfied.
당신이 전적으로 만족하지 않으시면 돈을 전액 환불해 드립니다.

refunder ⓝ 환불금
refundable ⓐ 환불 가능한

38 ☐☐☐	**sacrifice** [sǽkrəfàis]	ⓥ 희생하다, 제물로 바치다 ⓝ 희생, 제물을 바침

Many animals are sacrificed every year in the name of scientific research.
많은 동물들이 과학적 연구라는 명목 하에 매년 희생된다.

sacrifice A to do (~ 하는 데 A를 희생하다, 포기하다)

39 ☐☐☐	**situation** [sìtʃuéiʃən]	ⓝ 상황 [= circumstances], 위치 [= location]

One's stance on this issue may depend on one's situation.
이 문제에 대한 누군가의 입장은 자신의 상황에 따라 달라 진다.

situate ⓥ 위치시키다

40 ☐☐☐	**source** [sɔːrs]	ⓝ 원천, 근원, 출처

We know that milk is a good source of calcium.
우리는 우유가 칼슘의 원천이라는 것을 안다.

155

이현이 취향저격 지텔프 어휘 900

41 □□□ **assault**
[əsɔ́ːlt]

ⓥ 폭행하다, 습격하다 ⓝ 폭행, 습격

He originally was charged with sexual assault and malicious wounding.
그는 원래 성폭행과 폭력 범죄로 기소되었다.

42 □□□ **boundless**
[báundlis]

ⓐ 무한한, 끝없는 [= infinite]

The world lying before us is boundless with endless horizons.
우리 앞에 놓인 세상은 끝없는 수평선을 갖고 무한하다.

43 □□□ **colonize**
[kɑ́ːlənaɪz]

ⓥ 대량 서식하다, 식민지화하다

Weeds will quickly colonize the field.
잡초가 금방 그 들판에 무성해질 것이다.

colony ⓝ 군집, 식민지

44 □□□ **corridor**
[kɔ́ːridər]

ⓝ 복도, 회랑, 통로

He hurried down the corridor.
그는 복도를 서둘러 갔다.

45 □□□ **damp**
[dæmp]

ⓐ 젖은, 축축한, 습기 찬

It was really stuffy since air was so damp.
공기가 너무 눅눅해서 정말로 갑갑했다.

46 □□□	**deny** [dinái]	ⓥ 부인하다, 부정하다 ↔ [admit 인정하다], (요구 등을) 거절하다 The suspect denied the charges. 용의자는 혐의를 부인했다. denial ⓝ 거부, 부인
47 □□□	**encyclopedia** [ɪnsaɪkləpiːdiə]	ⓝ 백과사전 He was like a talking encyclopedia. 그는 말하는 백과사전 같았다.
48 □□□	**engender** [ɪndʒéndər]	ⓥ 생기게 하다, 불러일으키다 Poverty often engenders crime. 빈곤은 종종 범죄를 낳는다.
49 □□□	**fabricate** [fæbrikeit]	ⓥ 위조하다, ~을 제작하다 It's becoming a serious social problem that various experts cooperate to fabricate evidences. 다양한 전문가들이 협조하여 증거를 위조하는 것이 심각한 사회 문제가 되고 있다. Most of his pictures were fabricated, explaining why his pictures or portraits seem unnatural. 사진도 대개 조작된 것인데, 그의 사진이나 초상이 자연스럽지 못하고 경직돼 보이는 이유다. fabrication ⓝ 제작, 위조
50 □□□	**highlight** [haiˈlaiˌt]	ⓥ 강조하다 [= stress, underline] ⓝ 강조할 점, 볼거리 The report highlights the major problems facing society today. 그 보고서에서는 오늘날 사회가 당면한 주요 문제들을 강조하고 있다.

DAY 11

157

51
☐☐☐

hospitality
[hàspətǽləti]

ⓝ 환대, 접대

Thank you for your wonderful hospitality while I was in Korea.
한국에 머무는 동안에 당신의 멋진 환대에 감사하다.

hospitable ⓐ 친절한, 환영받는

52
☐☐☐

indigestion
[ìndidʒéstʃən]

ⓝ 소화불량

Some symptoms include fatigue, indigestion, headache and loss of appetite.
어떤 증상들은 피로, 소화불량, 두통 그리고 식욕 감퇴를 포함하고 있다.

digest ⓥ 소화하다, 먹다

53
☐☐☐

parallel
[pǽrəlel]

ⓐ 평행한, 병렬의, 유사한 ⓥ ~에 필적하다

A parallel process works.
병렬 처리가 효과가 있다.

She is poor at parallel parking.
그녀는 평행 주차에 미숙하다

54
☐☐☐

scribble
[skríbl]

ⓥ 낙서하다, 갈겨쓰다 ⓝ 낙서

He scribbled a note to his sister before leaving.
그가 떠나기 전에 누나에게 남기는 메모를 갈겨썼다.

55
☐☐☐

shelter
[ʃéltər]

ⓝ 피난처, 은신처, 주거, 거주 ⓥ 보호하다, 숨기다, 피하다

When it started to rain, everyone ran for shelter.
비가 오기 시작했을 때, 모든 사람들이 대합실로 뛰어갔다.

---

56 □□□	**slender** [sléndər]	ⓐ 날씬한, 길고 가는 [= slim] The drink sells in a bottle with a slender neck. 그 음료수는 목이 가느다란 병에 담겨 판매한다.
57 □□□	**stubborn** [stʌbərn]	ⓐ 고집 센, 완고한 [= obstinate] He was too stubborn to admit that he was wrong. 그는 너무 완고해서 자기 잘못을 인정하지 않았다. stubbornly ⓐⓓ 완고하게, 완강하게
58 □□□	**swiftly** [swíftli]	ⓐⓓ 빠르게, 신속히 She answered swiftly. 그녀는 신속하게 답변했다. Its hunting technique is to swiftly pursue its victim. 그것의 사냥 기술은 먹잇감을 신속하게 추적하는 것이다. swift ⓐ 빠른, 신속한
59 □□□	**synthetic** [sinθétik]	ⓐ 인조의, 합성의 This synthetic detergent washes out dirt very well. 이 합성 세제는 때가 잘 빠진다. synthesis ⓝ 합성, 통합
60 □□□	**unearth** [ʌnɜːrθ]	ⓥ 찾다, 발굴하다 [= excavate] They unearth buried treasure. 그들은 매장된 보물을 발굴한다.

DAY 11

159

DAY
12

이현아
취향저격
G-TELP
어휘 900

□ argue	□ economy	□ reluctant
□ arms	□ efface	□ rescue
□ arrange	□ evade	□ research
□ arrest	□ friction	□ resemble
□ award	□ hazardous	□ retire
□ awful	□ imitate	□ skeleton
□ cherish	□ infinitely	□ specialize
□ circulate	□ intercede	□ species
□ claim	□ intimidate	□ specific
□ clerk	□ lax	□ store
□ client	□ locate	□ subscription
□ clone	□ merely	□ temperature
□ compliment	□ merit	□ tropical
□ cure	□ military	□ undertake
□ curriculum	□ monologue	□ variation
□ depart	□ myth	□ vivid
□ deprivation	□ neutrality	□ worship
□ descent	□ prized	□ wound
□ diligent	□ propel	□ wrap
□ distance	□ rampant	□ yawn

01 ☐☐☐	**argue** [áːrgjuː]	ⓥ 논하다, 주장하다 [= claim, assert] The two sisters were arguing loudly. 두 자매가 큰 소리로 말다툼하고 있었다. argue on (~에 관해 논쟁하다) argument ⓝ 주장, 논쟁, 투쟁
02 ☐☐☐	**arms** [aːrmz]	ⓝ 무기 [= weapon] The arms manufacturer went into bankruptcy during the post-cold war era. 그 무기 제조업체는 탈 냉전시대에 파산했다.
03 ☐☐☐	**arrange** [əréindʒ]	ⓥ 정하다, 준비하다, 배열하다, 정렬시키다, 조정하다 I will arrange for a car to meet you at the railroad station. 나는 기차역에서 당신을 위한 차를 준비해 놓겠다. arrangement ⓝ 준비 [복수]계획, 예정, 합의
04 ☐☐☐	**arrest** [ərést]	ⓥ 체포하다, 검거하다 ⓝ 체포 However, she was arrested and sentenced to 10 years in prison. 하지만, 그녀는 체포되었고 10년 형을 선고 받았다. under arrest (체포되어, 구금중인) arrest A on suspicion of B (A를 B의 혐의로 체포하다)
05 ☐☐☐	**award** [əwɔ́ːrd]	ⓝ 상, 상금 ⓥ (상 등을) 수여하다, 주다 Recently, the city of Seoul was awarded two notable awards. 최근에 서울시는 두 개의 유명한 상을 받았다.

06 □□□	**awful** [ɔ́ːfəl]	ⓐ 지독한, 심한 The smell of tuna is awful and I'm not going anywhere near it. 참치의 냄새가 지독하여 나는 그 근처에 가지 않을 것이다. awfully ⓐⓓ 상당히, 너무

07 □□□	**imitate** [ímətèit]	ⓥ 모방하다, 흉내 내다 [= copy, simulate] In children's play, they often imitate people who are entirely different from them. 놀이에서, 아이들은 흔히 그들 자신과 완전히 다른 사람들을 흉내 낸다. imitation ⓝ 모방, 모조품

08 □□□	**circulate** [sə́ːrkjulèit]	ⓥ 돌다, 순환하다, 배부하다, 유통시키다 Rumors began to circulate about his financial problems. 그의 재정 문제에 대한 소문들이 돌기 시작했다. circulation ⓝ 순환, 유통

09 □□□	**claim** [kleim]	ⓥ (사실이라고) 주장하다, 단언하다, (권리 등을) 요구하다 ⓝ 주장, 요구, 청구, 권리 They claimed they were following orders from Google's headquarters in the U.S. 그들은 미국 구글 본사의 지시를 따랐다고 주장했다.

10 □□□	**clerk** [kləːrk]	ⓝ (가게의) 점원, (은행 등의) 사무원 The sales clerks were abrupt and impatient with the customers. 판매원들은 무뚝뚝했고 손님들을 대하는데 짜증을 냈다.

DAY 12

163

| 11 ☐☐☐ | **advance** [ædvǽns] | ⓐ 사전의 ⓝ 진보, 전진 ⓥ 전진시키다, 진격하다 |

advance [ædvǽns]

ⓐ 사전의 ⓝ 진보, 전진 ⓥ 전진시키다, 진격하다

This advance was made possible by computers.
이러한 진보는 컴퓨터에 의해 가능해졌다.

advancement ⓝ 발전, 진보

---

clone [kloun]

ⓝ 클론, 복제 생물 ⓥ 클론을 만들다, 복제하다

They've been trying to clone a human for years.
그들은 수년간 인간 복제를 시도해 왔다.

---

cure [kjuər]

ⓥ 치료하다 ⓝ 치료 [= remedy]

She came up with a cure that actually works.
그녀는 실제로 효과가 있는 치료법을 생각해냈다.

---

retire [ritáiər]

ⓥ 은퇴하다, 물러나다

He made a ton of money and retired early.
그는 막대한 돈을 벌고 일찍이 은퇴했다.

retirement ⓝ 은퇴, 물러남

---

immigrant [ímigrənt]

ⓝ 이민, 이민자, 이주 ⓐ 이주해오는

Many immigrants relocate to the US each year.
많은 이민자들이 해마다 미국으로 이주한다.

He was born as one of the eight children of Pakistani immigrants.
그는 파키스탄 이민자의 여덟 명의 아이 중 하나로 태어났다.

16 □□□ **depart**
[dipάːrt]

ⓥ 출발하다, 떠나다 ↔ [arrive 도착하다]

The express train to Bristol is about to depart from platform 21.
Bristol행 급행열차가 21번 승강장에서 곧 출발할 예정이다.

depart for (~ 로 출발하다)

departure ⓝ 출발

17 □□□ **cherish**
[ʧériʃ]

ⓥ 소중히 여기다 [= value, adore]

I will always cherish the picture my friend drew for me.
나는 내 친구가 나를 위해 그려준 그림을 항상 소중히 여길 것이다.

18 □□□ **distance**
[dístəns]

ⓝ 거리, 간격

She is a speed skater who specializes in the sprint distances.
그녀는 단거리 전문 스피드 스케이트 선수이다.

distant ⓐ 먼, 원격의

19 □□□ **economy**
[ikάnəmi]

ⓝ 경제, 절약

Economic problems in the United States negatively affect the global economy.
미국의 경제 문제는 세계 경제에 부정적인 영향을 미친다.

economic ⓐ 경제의
economical ⓐ 절약하는

20 □□□ **evade**
[iveid]

ⓥ (교묘하게) 피하다, 모면하다 [= avert, avoid, shun]

After the big mistake that they made, they have been evading our group.
그들은 큰 실수를 한 뒤 우리 그룹을 피해 다닌다.

The Flybot is designed to evade threats, like falling debris in disaster areas.
플라이봇은 재난 지역에서 떨어지는 잔해와 같은 위협을 피하도록 설계되었다.

DAY 12

21 ☐☐☐	**locate** [lóukeit]	ⓥ 위치를 알아내다, 자리 잡다, 파악하다 I can't locate that city on this map. 나는 이 지도에서 그 도시를 못 찾겠어. location ⓝ 위치
22 ☐☐☐	**intercede** [ìntərsíːd]	ⓥ 중재하다, 조정하다 [= mediate, arbitrate] An arbiter had to intercede between the two parties who accused one another. 결정권자는 서로 비난한 두 정당 사이에서 중재해야 했다.
23 ☐☐☐	**merely** [míərli]	ⓐⓓ 단지, 그저 [= only] In this process, students can learn many skills beyond merely counting. 이 과정에서 학생들은 단순한 셈을 넘어서 많은 기술들을 배울 수 있다.
24 ☐☐☐	**merit** [mérit]	ⓝ 장점 [= strength, advantage] This new model has the merit of being light. 새로운 모델은 가볍다는 장점이 있다.
25 ☐☐☐	**military** [mílitèri]	ⓐ 군의, 군대의 Napoleon decided on a military career when he was a little boy. 나폴레옹은 그가 어렸을 때 군이 되겠다고 결정했다.

26 □□□	**myth** [miθ]	ⓝ (신, 영웅, 마법 등에 관한) 신화, 허구 The myth of King Arthur still continues today in countless works of art. 아서왕의 신화는 오늘날에도 셀 수 없이 많은 예술작품으로 여전히 계속되고 있다.
27 □□□	**rescue** [réskjuː]	ⓥ 구출하다, 구제하다 ⓝ 구조, 구출 Rescue workers searched all day for the missing children on the mountain. 구조대원들은 그 산에서 실종된 아이들을 찾으려고 온종일 수색 작업을 벌였다.
28 □□□	**research** [risə́ːrtʃ]	ⓥ 연구하다, 조사하다 ⓝ 연구, 조사 The research on this social subject is inconclusive. 이 사회적 문제에 대한 연구는 아직 결론에 이르지 못했다. researcher ⓝ 연구원, 조사원
29 □□□	**resemble** [rizémbl]	ⓥ ~ 와 닮다 [= take after] They somewhat resemble bears, but they are not bears at all. 그들은 약간 곰을 닮았지만 그러나 곰은 전혀 아니다.
30 □□□	**specialize** [spéʃəlàiz]	ⓥ 전문으로 하다, 전공하다 [= major] Computer science is too specialized to become a mandatory class. 컴퓨터 공학은 필수 과목이 되기에는 너무 전문석이다. specialize in (~ 을 전문으로 하다, 전공하다) speciality ⓝ 특수성, 전문

DAY 12

167

31 □□□ **species** [spíːʃiːz]

ⓝ 종(種) (생물의 분류 단위)

Traditionally, elephants have been divided into two species.
전통적으로 코끼리는 2개의 종으로 분류되어 있다.

---

32 □□□ **specific** [spisífik]

ⓐ 구체적인 ↔ [general 종합적인, 포괄적인], 특정한 [= particular], 명확한

The money was collected for a specific purpose.
그 돈은 특정한 목적을 위해 모금되었다.

specifically ⓐⓓ 특히, 명확하게
specification ⓝ 사양, 규격, 명세

---

33 □□□ **store** [stɔːr]

ⓝ 상점 [= shop], 저장품 [= supply], 저장 ⓥ 보관하다, 저장하다

Countless stores have been sold out of these little toys.
수많은 가게에서 작은 장난감들이 품절되었다.

---

34 □□□ **temperature** [témpərətʃər]

ⓝ 온도

They reduce the heat through ears when their body temperature goes up.
그들은 체온이 올라가면 귀를 통해 열을 내린다.

---

35 □□□ **vivid** [vívid]

ⓐ 생생한, 선명한

Bright vivid colors are in vogue this spring.
밝고 선명한 색깔이 올 봄에는 유행이다.

vividness ⓝ 생생함, 선명함

36 ☐☐☐	**worship** [wə́ːrʃip]	ⓝ 예배, 참배 ⓥ 예배하다, 참배하다 Ramadan is a time for reflection and worship. 라마단은 반성과 참배를 위한 시간이다.
37 ☐☐☐	**diligent** [dílədʒənt]	ⓐ 근면한, 부지런한 [= hard-working, persevering] Students who are diligent generally get higher scores on tests. 근면한 학생들은 대부분 시험에서 더 높은 점수를 받는다. Police officers are diligent people who work day and night to keep us safe. 경찰관들은 밤낮으로 우리의 안전을 위해 일하는 부지런한 사람들입니다. diligently ⓐⓓ 부지런히 diligence ⓝ 근면, 성실함
38 ☐☐☐	**wound** [wuːnd]	ⓝ 상처, 부상 ⓥ 상처를 입히다, 다치게 하다 Luckily, it was only a superficial wound and didn't require emergency treatment. 운이 좋게도, 그것은 단지 얕은 상처였고 응급치료를 필요로 하지 않았다. After a serious argument, it can take some time for the wounds to heal. 심한 언쟁을 한 후에는 상처가 치유되는데 시간이 좀 걸릴 수 있다. wounded ⓐ 다친, 상처 입은
39 ☐☐☐	**wrap** [ræp]	ⓥ 포장하다, 싸다, 두르다 ⓝ 비닐 랩 Chris spent the evening wrapping up the Christmas presents. Chris는 크리스마스 선물을 포장하면서 저녁 시간을 보냈다.
40 ☐☐☐	**yawn** [jɔːn]	ⓥ 하품하다 ⓝ 하품 Babies yawn even before they are born. 아기들은 그들이 태어나기 전부터 하품을 한다.

DAY 12

이현아 취향저격 지텔프 어휘 900

41 □□□ **compliment**
[kámpləmənt]

ⓝ 칭찬, 찬사 ↔ [insult 모욕] ⓥ 칭찬하다

Sometimes making an unexpected compliment can make your friends really happy.
때때로 예상하지 못한 칭찬을 하는 것은 당신의 친구를 정말로 행복하게 만들어 줄 수 있다.

pay compliments to (~ 에게 찬사를 보내다)

complimentary ⓐ 칭찬의, 무료로 주는

42 □□□ **deprivation**
[deprɪveɪʃn]

ⓝ 박탈, 손실, 결핍

Extreme food deprivation is not the healthiest way to loose weight.
지나치게 음식을 박탈하는 것은 살을 빼기 위한 건강한 방법이 아니다.

deprive ⓥ 박탈하다, 빼앗다

43 □□□ **descent**
[dɪsent]

ⓥ 내려오다 ⓝ 하강, 하락, 출신, 혈통

Tylor said that the descent can be just as dangerous as going up.
Tylor는 내려가는 것이 올라가는 것만큼 위험할 수 있다고 말했다.

44 □□□ **efface**
[ɪfeɪs]

ⓥ 지우다, 삭제하다 [= erase]

He decided to efface some lines from the script.
그는 대본에서 몇 줄을 지우기로 결심했다.

45 □□□ **friction**
[fríkʃən]

ⓝ 불화, 마찰

Competition for performance bonuses caused friction amongst employees.
성과 보너스에 대한 경쟁이 직원들 사이에 불화를 일으켰다.

46 □□□	**hazardous** [hǽzərdəs]	ⓐ 위험한 [= dangerous]
		The company is accused of incinerating hazardous waste without the required licence.
		그 회사는 필요한 면허 없이 유해한 쓰레기를 소각한 이유로 고소당했다.
		hazard ⓝ 위험

47 □□□	**infinitely** [ínfənitli]	ⓐⓓ 무한히, 한없이, 엄청
		Your English is infinitely better than my Korean.
		당신의 영어가 나의 한국어보다 훨씬 낫다.
		infinite ⓐ 무한한

48 □□□	**intimidate** [intímədèit]	ⓥ 겁주다, 협박하다 [= threaten, frighten, scare]
		Large dogs often try to intimidate smaller ones to display their power.
		큰 개들은 흔히 그들의 힘을 드러내기 위해 작은 개들에게 겁을 주려고 한다.

49 □□□	**lax** [læks]	ⓐ 규율에 못 미치는, 느슨한
		All overseas resource exploration projects stopped due to lax investments and snowballing debts.
		방만한 투자와 눈덩이처럼 불어난 빚 때문에 해외 자원 개발은 전면 중단됐다.

50 □□□	**monologue** [mάnəlɔ̀ːg]	ⓝ 독백
		The famous theater actor had an incredible monologue at the end of the play.
		그 유명한 연극배우는 연극 막바지에 훌륭한 독백을 했다.

51 □□□	**neutrality** [njuːtrǽləti]	ⓝ 중립, 중립성 His neutrality was called into question. 그의 중립성에 대한 의문이 제기되었다. neutral ⓐ 중립의 ⓝ 중립국, 중립상태 neutrally ⓐⓓ 중립으로
52 □□□	**prized** [praɪzd]	ⓐ 가치 있는, 소중한 [= valued] He is fond of collecting rare, highly prized wine. 그는 드물고 높이 평가되는 와인 모으기를 좋아한다.
53 □□□	**propel** [prəpél]	ⓥ 나아가게 하다, 추진하다 They propelled the rowboat through the water using the oars. 그들은 노를 이용해서 물살을 뚫고 배를 나아가게 했다.
54 □□□	**rampant** [rǽmpənt]	ⓐ 만연하는, 걷잡을 수 없는, 무성한, 우거진 Diseases such as polio are still rampant in Third World countries. 소아마비와 같은 질병은 제 3세계 국가에 여전히 만연하다.
55 □□□	**reluctant** [rilʌ́ktənt]	ⓐ 마음이 내키지 않는, 마지못해 하는 [= unwilling] Eli is reluctant to drive when the weather is snowy. 티는 눈이 올 때 운전하는 것을 꺼린다. be reluctant to do (~을 마지못해 하다)

56 □□□	**skeleton** [skelɪtn]	ⓝ 골격, 해골, 뼈대 The human skeleton consists of 206 bones. 인간의 뼈대는 206개의 뼈로 구성되어 있다. Only the concrete skeleton of the factory remained. 그 공장의 콘크리트 뼈대만 남아 있었다.
57 □□□	**subscription** [səbskrɪpʃn]	ⓝ 구독, 구독료 depend on advertising and subscription 광고와 구독료에 의존하다 I'd like to renew my subscription. 나는 구독을 갱신하고 싶다 subscribe ⓥ 구독하다, 가입하다
58 □□□	**tropical** [trápikəl]	ⓐ 열대지방의, 열대의 The warm tropical oceans are home to millions of colorful fish. 따뜻한 열대 지방의 바다는 수백만 마리의 다채로운 물고기 서식지이다.
59 □□□	**undertake** [əˈndərteiˌk]	undertake - undertook - undertaken ⓥ 떠맡다, 일을 착수하다, 시작하다 As the new manager, you will undertake man more responsibilities. 새로운 팀장으로써, 당신은 더 많은 책임을 떠맡을 것이다.
60 □□□	**variation** [vɛəriéiʃən]	ⓝ 변화, 변농, 변형 [= alteration, modifacation] There was variation in the phone's design from the previous model. 예전 모델과 비교하여 그 핸드폰 디자인에 변화가 있었다.

DAY 12

DAY 13

이현아

취향저격

G-TELP

어휘 900

□ addictive	□ disorder	□ precious
□ adore	□ easygoing	□ prescription
□ amenity	□ enlarge	□ presume
□ attain	□ enormous	□ proceeds
□ awake	□ entertainment	□ profit
□ aware	□ entrance	□ progress
□ barter	□ fabric	□ prosperous
□ biannual	□ foster	□ remove
□ bold	□ grasp	□ retard
□ bustle	□ hold back	□ seek
□ capture	□ house	□ solution
□ commodity	□ impression	□ specialist
□ conceal	□ improve	□ stimulate
□ confirm	□ incline	□ stray
□ conform	□ insert	□ strength
□ consecutive	□ interchange	□ supply
□ depend	□ likewise	□ surcharge
□ depressed	□ maturity	□ valid
□ deserve	□ merchandise	□ vanish
□ discover	□ monument	□ waive

01 ☐☐☐	**adore** [ədɔ́ːr]	ⓥ 매우 좋아하다, 사랑하다, 숭배하다 The men adore their fixed work schedules. 그 사람들은 그들의 수정된 작업 일정들을 무척 좋아한다.
02 ☐☐☐	**presume** [prizúːm]	ⓥ 추정하다, 간주하다 I presume the author has more insight into the mysterious world of espionage. 나는 그 저자가 비밀스러운 스파이 세계에 대해 더 많은 통찰력을 가지고 있다고 생각한다. presumably ⓐⓓ 아마도, 짐작컨대
03 ☐☐☐	**attain** [ətéɪn]	ⓥ 이루다, 획득하다, 도달하다 [= reach] The sales department attained its goal of selling a million cell phone units. 영업 부서는 휴대전화 백만 대 판매라는 목표를 달성했다. Attaining expertise in a domain typically requires ten thousand hours of deliberate practice. 어떤 영역의 전문 기술을 얻는 데에는 일반적으로 1만 시간의 의도적인 연습이 필요하다. attainment ⓝ 달성, 획득
04 ☐☐☐	**awake** [əwéik]	ⓐ 깨어있는 ↔ [asleep 잠든] ⓥ 깨어나다, 깨우다, 깨닫다 Caffeine can keep you awake all night. 카페인은 당신을 밤새도록 깨어있게 할 수 있다. be wide awake (완전히 깨어있다.) awareness ⓝ 깨닫고 있음, 자각, 인식
05 ☐☐☐	**aware** [əwɛ́ər]	ⓐ 알고 있는, 알아차린 ↔ [unaware 모르는] I don't think people are really aware of just how much it costs. 난 사람들이 그저 그것에 돈이 얼마나 드는지도 제대로 자각하지 못한다고 생각한다. be[become] aware of (~ 을 알아채다, 알다) awareness ⓝ 깨닫고 있음, 자각, 인식

06 □□□	**barter** [báːrtər]	ⓥ 물물교환하다 [= exchange] ⓝ 교환, 흥정

Before the advent of money, bartering was the primary means for trade.
돈이 생기기 전에는 물물교환이 교역의 주요 수단이었다.

07 □□□	**bold** [bould]	ⓐ 대담한, 용기 있는 [= daring]

In fact, Marino has already taken bold steps to achieve his goal.
사실 Marino는 그의 목표를 이루기 위해서 이미 대담한 조치를 취했다.

boldly ⓐⓓ 대담하게, 뻔뻔스럽게

08 □□□	**capture** [kǽptʃər]	ⓥ 체포하다, 사로잡다 [= seize] ⓝ 체포, 포착

The animals are captured in nets and sold to local zoo.
그 동물들은 그물로 포획되어 지역 동물원에 팔린다.

09 □□□	**conceal** [kənsíːl]	ⓥ 감추다, 숨기다 [= veil, cover] ↔ [reveal, show]

Speech is the only certain sign of thought concealed in human body.
말은 인간의 몸 안에 숨겨진 사고의 유일하게 분명한 표시이다.

concealment ⓝ 숨김, 은폐

10 □□□	**confirm** [kənfɜ́ːrm]	ⓥ 확인하다, 확증하다, (결심 등을) 굳게 하다 [= verify, certify]

Please confirm your reservation for lunch.
당신의 점심 예약을 확인해 주세요.

confirmation ⓝ 확인, 입증

11 □□□	**conform** [kənfɔ́ːrm]	ⓥ 순응하다, 따르다

The United States is one of the few remaining countries that has not yet conformed to the metric system.

미국은 아직 미터법을 따르지 않는 몇 안 되는 국가들 중 하나이다.

conformity ⓝ 순응, 일치

12 □□□	**depend** [dipénd]	ⓥ 의지하다, ~ 에 좌우되다

One's stance on this issue may depend on one's situation.

이 건에 대한 개인 별 의견은 자신의 상황에 따라 다를지도 모른다.

depend on (~에 의존하다)

13 □□□	**depressed** [diprést]	ⓐ 우울한, 낙담한, 불경기의

Some people listen to music when they feel stressed or depressed.

어떤 사람들은 그들이 스트레스를 받거나 우울할 때 음악을 듣는다.

14 □□□	**deserve** [dizə́ːrv]	ⓥ ~ 을 받을 만하다, ~ 할 가치가 있다

You deserve a rest after all that hard work.

그렇게 힘든 일을 했으니 당신은 쉴 자격이 있어.

15 □□□	**discover** [diskʌ́vər]	ⓥ 발견하다, 깨닫다

Chinese archaeologists were amazed to discover the emperor's burial site.

중국의 고고학자들은 그 황제의 무덤을 발견하고서 매우 놀랐다.

discovery ⓝ 발견, 발각

이헌아 취향저격 지텔프 어휘 900

16 □□□	**disorder** [disɔ́ːrdər]	ⓝ 무질서, 난잡함, (심신의) 이상, 병 [= disease], 소란 More chemicals are identified to cause brain disorders, especially in children. 특히 어린이들에게 두뇌 장애를 일으키는 많은 화학 물질들이 확인된다.
17 □□□	**easygoing** [íːzigóuiŋ]	ⓐ 태평스러운, 느긋한 Because of no tests, students grow lazy and too easygoing in class. 평가가 없기 때문에 수업시간에 학생들은 게으르고 너무 느긋해진다.
18 □□□	**enlarge** [inláːrdʒ]	ⓥ 크게 하다, 확대하다 [= magnify] The scope of private commercial activities has also been enlarged. 민간 상업 활동의 범위도 확대되었다.
19 □□□	**enormous** [inɔ́ːrməs]	ⓐ 거대한, 엄청나게 큰 [= huge] The company is doing well and has an enormous potential for growth. 그 회사는 번창하고 있고 성장에 있어 엄청난 잠재력을 가지고 있다. enormity ⓝ 심각함
20 □□□	**entertainment** [èntərtéinmənt]	ⓝ 오락, 연예 Entertainment around the world is dominated by American culture. 전 세계의 오락은 미국 문화에 의해 지배당한다. entertain ⓥ 즐겁게 해주다, 접대하다

DAY 13

21 □□□	**entrance** [éntrəns]	ⓝ 입장, 입학, 입구, 현관 The people of the tower have even organized security teams to watch the entrances. 그 타워 사람들은 심지어 입구를 감시하기 위해 보안팀을 만들었다.
22 □□□	**fabric** [fǽbrik]	ⓝ 직물, 구조 [= structure] The silk and other fabrics were imported from Italy. 비단과 다른 원단은 이탈리아에서 수입되었다.
23 □□□	**addictive** [ədíktiv]	ⓐ 습관성의, 중독성 있는 [= habit-forming, obsessive] Caffeinated beverages can be highly addictive. 카페인이 함유된 음료들은 매우 중독성이 있을 수 있다. addict ⓥ 중독시키다 ⓝ 중독자
24 □□□	**foster** [fɔ́ːstə(r);fɑ́ːs-]	ⓥ 기르다, 촉진하다, 조장하다, 양육하다 [= rear] The neighborhood holds regular events to foster a spirit of community. 그 지역은 공동체 정신을 기르기 위해 정기적인 행사를 주최한다.
25 □□□	**house** [haus]	ⓥ 저장하다 [= store], ~ 을 담고 있다 [= contain] ⓝ 집 The gallery houses 2,000 works of modern art. 그 미술관은 현대 회화 2,000점을 소장하고 있다.

이형아 취향저격 지텔프 어휘 900

26 ☐☐☐	**impression** [impréʃən]	ⓝ 인상, 감명 It is necessary to give the impression that the summit is productive. 정상회담이 생산적이라는 인상을 심어주는 것이 필요하다. impressive ⓐ 인상적인 impress ⓥ 감명주다, 인상을 주다
27 ☐☐☐	**improve** [imprúːv]	ⓥ 향상시키다, 개선되다 Interior design is a way to improve an existing place. 실내 디자인은 현존하는 장소를 개선하는 방법이다. improvement ⓝ 향상, 개선
28 ☐☐☐	**interchange** [intəːrtʃeindʒ]	ⓝ (고속도로) 나들목, 교환, 교역 ⓥ 서로 교환하다 The traffic accident happened at the interchange. 교통사고가 나들목에서 일어났다.
29 ☐☐☐	**precious** [preʃəs]	ⓐ 귀중한, 값비싼 Diamonds are one of the world's most precious gems. 다이아몬드는 세계에서 가장 귀중한 보석 중 하나이다.
30 ☐☐☐	**profit** [prɑːfɪt]	ⓝ 수익, 이윤 ⓥ 이익을 내다 The company increased its profits last quarter. 그 회사는 지난 분기에 수익을 증가시켰다. profitable ⓐ 수익성이 나는

DAY 13

DAY 13

31
☐☐☐
progress
[prɑ́ːgrəs]

ⓝ 전진, 발전 ⓥ 진보하다, 향상시키다 [= advance]

The babies progressed more rapidly in their ability to communicate.
그 아기들은 의사소통하는 능력을 더 빨리 향상시켰다.

progression ⓝ 연속, 진행
progressive ⓐ 진보적인

32
☐☐☐
remove
[rɪmúːv]

ⓥ 제거하다, 없애다 [= eliminate] ⓝ 이사, 이전

I'm having trouble removing a stain from my shirt.
나는 내 셔츠의 얼룩을 제거하는 데 애를 먹고 있다.

33
☐☐☐
seek
[siːk]

ⓥ 찾다, 추구하다 [= pursue]

The exhibition is for people who are seeking jobs.
그 박람회는 일자리를 찾고 있는 사람들을 위한 것이다.

34
☐☐☐
specialist
[spéʃəlist]

ⓝ 전문가 [= expert], 전문의

Specialists came to the farm to find out if there is risk of another blast.
전문가들은 또 다른 폭발 위험이 있는 지를 알아내기 위해 농장으로 왔다.

specialize ⓥ ～을 전문으로 하다

35
☐☐☐
stimulate
[stímjulèit]

ⓥ 자극하다, 자극하여 ～ 하게 하다 [= encourage]

It stimulates sensory nerves so that your body becomes more active.
그것은 당신의 신체가 좀 더 활동적으로 되기 위해 감각 신경을 자극한다.

stimulation ⓝ 자극, 격려

36 ☐☐☐	**stray** [streɪ]	ⓐ 길 잃은, 빗나간 ⓥ 길을 잃다, 방황하다 When approaching an oncoming stray dog, follow the old rules: no direct eye contact. 떠돌이 개가 다가오면, 오래된 법칙을 따르라 : 직접적으로 눈을 마주치지 마라.
37 ☐☐☐	**strength** [streŋkθ]	ⓝ 힘, 강점 They believed that it cleansed the body and gave it strength. 그들은 그것이 몸을 정화시키고 힘을 준다고 믿었다. strong ⓐ 강한, 힘센 strengthen ⓥ 강화하다
38 ☐☐☐	**supply** [səplái]	ⓝ 공급물, 공급 ↔ [demand 수요] ⓥ 공급하다 The supply of oil has diminished. 석유 공급이 줄었다.
39 ☐☐☐	**vanish** [vǽniʃ]	ⓥ 사라지다 [= disappear, fade away, go away] I saw a rainbow, but it vanished as quickly as it appeared. 나는 무지개를 봤지만 그것은 나타나자마자 빠르게 사라졌다.
40 ☐☐☐	**waive** [weiv]	ⓥ 포기하다 [= abandon], 연기하다 [= postpone], 무시히디 [= neglect] I choose to waive that right. 나는 그 권리를 포기하는 것을 선택했다.

DAY 13

183

41 ☐☐☐	**amenity** [əménəti]	ⓝ 오락, 위생시설, 편의시설 [= facility] The campsite is close to all local amenities. 그 캠프장은 지역의 모든 편의 시설과 가깝다.
42 ☐☐☐	**biannual** [baiǽnjuəl]	ⓐ 반년마다의, 1년에 2번의 Thirty representatives were sent to attend the biannual conference. 30명의 대표자가 1년에 두 번하는 회의에 보내졌다.
43 ☐☐☐	**bustle** [bʌsl]	ⓥ 북적대다 The ferryboats are a sad reminder of the gay, bustling throngs of commuters. 나룻배는 즐겁고 북적거리던 통근자들을 슬프게 생각나게 한다.
44 ☐☐☐	**commodity** [kəmádəti]	ⓝ 일용품, 상품, 원자재 rice, flour and other basic commodities 쌀과 밀가루와 다른 기본 물품들 Crude oil is the world's most important commodity. 원유는 세계에서 가장 중요한 원자재이다.
45 ☐☐☐	**consecutive** [kənsékjutiv]	ⓐ 연속적인 After the company lost money for 3 consecutive years, several members of the management were replaced. 그 회사가 3년 연속해서 손해를 본 후, 몇몇 경영진들이 대체 되었다.

46 □□□	**grasp** [græsp]	ⓥ 잡다, 이해하다 [= comprehend, apprehend, make out] ⓝ 손아귀, 통제, 이해 The baby was trying to grasp what she felt in her hand. 아기는 손에 느껴지는 것을 꽉 붙잡으려 애쓰고 있었다. Sixteen year olds cannot grasp the importance of this responsibility. 16세 청소년들은 이러한 책임의 중요성을 이해할 수 없다.
47 □□□	**hold back**	ⓥ 억제하다, 못하게 하다 [= restrain] Quite a few people were unable to hold back their laughter. 꽤 많은 사람들이 웃음을 참을 수가 없었다. The Japanese military stayed on the island to hold back the U.S. Army from landing on this strategic base. 일본군은 이 전략적 기지에 미군이 상륙하는 것을 막기 위해서 그 섬에 주둔해있었다.
48 □□□	**incline** [ɪnklaɪn]	ⓥ ~하는 경향이 있다, 기울다, ⓝ 경사, 기울기 Rachel was very independent and inclined to do things on her own. Rachel은 매우 독립적이었고 스스로 하는 경향이 있었다. inclined ⓐ 마음이 내키는, ~을 하고 싶은 inclination ⓝ 의향, 경향, 성향
49 □□□	**insert** [insə́:rt]	ⓥ 삽입하다, 주입하다 She inserted the letter into an envelope. 그녀는 편지를 봉투에 끼워 넣었다.
50 □□□	**likewise** [láikwàiz]	ⓐⓓ 마찬가지로, 역시 [= also] Likewise, learning an instrument teaches students to think in new ways. 마찬가지로, 악기를 배우는 것은 학생들이 새로운 방법을 생각하도록 가르친다.

DAY 13

185

51 □□□ **maturity** [mətjúərəti]

ⓝ 성숙, 완전한 발달

Her poise and maturity set her apart from the others.
그녀의 침착함과 성숙함이 그녀를 다른 사람들과 구별 짓는다.

The maturity date of the bond is coming up next year.
내년에 채권 만기가 도래한다.

mature ⓐ 성숙한, 숙성한

52 □□□ **merchandise** [má:rtʃəndàiz]

ⓝ 상품, 물건 [= goods]

This item was the best out of all the merchandise on sale.
이 물건은 판매중인 모든 상품 중에 최고입니다.

53 □□□ **monument** [mánjumənt]

ⓝ 기념비, 기념물, 유전

Stonehenge is a prehistoric monument located in the English country of Wiltshire.
스톤헨지는 영국의 카운티 윌트셔에 위치한 선사 시대의 유적지입니다.

monumental ⓐ 기념비적인, 불후의

54 □□□ **prescription** [priskrípʃən]

ⓝ 처방(전)

Her doctor wrote a prescription for blood pressure medicine.
그녀의 의사는 혈압 치료를 위한 처방전을 써 주었다.

prescribe ⓥ 처방하다

55 □□□ **proceeds** [próusi:dz]

ⓝ 이익금, 수익금 [= earnings, revenue]

The two partners split the proceeds from yesterday's sale fifty-fifty.
두 동업자가 어제 판매 수익금을 5대 5로 나누었다.

56 ☐☐☐	**prosperous** [prɑ́ːspərəs]	ⓥ 번영하는, 부유한 [= affluent] Pamuk was born in 1952 into a prosperous family. Pamuk은 1952년에 부유한 가정에서 태어났다. prosperity ⓝ 번영, 번창 prosper ⓥ 번영하다, 성공하다
57 ☐☐☐	**retard** [rɪtɑ́ːrd]	ⓥ 지체시키다, 방해하다. Exposure to radiation can retard a baby's intellectual development. 방사능에의 노출은 아이들의 지능 발달을 지체시킬 수 있다. retardant ⓝ 저지하는 것, 억제제 ⓐ 저지하는
58 ☐☐☐	**solution** [səlúːʃən]	ⓝ 해결, 해답, 용해, 용액 I think the fundamental solution should be mutual understanding and respect. 나는 근본적인 해결책은 상호 이해와 존중이 되어야 한다고 생각한다.
59 ☐☐☐	**surcharge** [sə́ːrtʃɑ̀ːrdʒ]	ⓝ 추가요금, 과징금, 할증금 I had to pay a surcharge on my plane ticket because my baggage weighted too much. 내 짐 무게가 너무 많이 나가기 때문에 비행기표에 추가요금을 지불해야 했다.
60 ☐☐☐	**valid** [vǽlɪd]	ⓐ 유효한, 효과적인, (근거가) 확실한 Applicants must possess a valid work permit. 지원자들은 반드시 유효한 취업 허가증을 소지해야 한다. We can't rent out a vehicle unless you have a valid license. 당신이 유효한 면허가 없으시면 우리는 차량을 빌려 드릴 수가 없습니다. validate ⓥ 입증하다 validity ⓝ 유효함

DAY 13

187

DAY
14

이현아
취향저격
G-TELP
어휘 900

- aborigine
- admire
- ancestor
- appearance
- appetite
- approach
- articulate
- assist
- attach
- attitude
- besides
- bite
- block
- candidate
- capital
- chief
- commute
- convey
- crack
- declare

- define
- descendant
- disappoint
- erosive
- germ
- grease
- initiative
- lustrous
- offend
- organ
- ornament
- peer
- plague
- plain
- plentiful
- plot
- praise
- pray
- pretend
- prevent

- publish
- punish
- range
- recall
- reinforce
- revenue
- rude
- ruin
- sacred
- stereotype
- suggest
- sum
- symptom
- thirst
- thorough
- trust
- typical
- violation
- wipe
- withdraw

01 □□□	**admire** [ædmáiər]	ⓥ 존경하다, 감탄하다

The model was admired for her beauty.
그 모델은 그녀의 아름다움으로 높이 평가되었다.

admiration ⓝ 존경, 감탄
admirable ⓐ 존경할 만한, 훌륭한

02 □□□	**appearance** [əpíərəns]	ⓝ 외모, 출현

It is important to take care of one's physical appearance.
신체적 외모를 가꾸는 것은 중요하다.

appear ⓝ 나타나다, 발생하다, ~처럼 보이다

03 □□□	**appetite** [ǽpətàit]	ⓝ 식욕, 욕구

Some students said that they don't have appetite early in the morning.
일부 학생들은 이른 아침에는 식욕이 없다고 말했다.

appetizing ⓐ 식욕을 돋우는

04 □□□	**approach** [əpróutʃ]	ⓥ 접근하다, 다가가다 ⓝ 접근(법), 학습(법)

As you approach the town, you'll see the college on the left.
그 소도시로 가까이 가다 보면 그 대학이 왼편으로 보일 거예요.

05 □□□	**assist** [əsíst]	ⓥ 돕다, 원조하다 [= help, aid]

Yet his expertise with metals surely assisted in the initial design of the creation.
그러나 그의 금속에 관한 전문 지식은 창작품의 초기 설계에 분명히 도움이 되었다.

assistant ⓝ 보조해주는 사람, 조수

이현아 취향자격 지텔프 어휘 900

06 □□□	**attach** [ətǽtʃ]	ⓥ 붙이다, 부착하다 ↔ [detach 떼어내다] Your belly button marks the spot where your umbilical cord was once attached. 당신의 배꼽은 당신의 탯줄이 한 때 붙어 있던 자리의 표시이다. attachment ⓝ 부착, 애착 attached ⓐ 첨부된
07 □□□	**attitude** [ǽtitjùːd]	ⓝ 태도, 자세 Let's expect the Japanese government to learn from Germany's attitude. 일본 정부가 독일의 태도에서 배우기를 기대해보자.
08 □□□	**besides** [bisáidz]	ⓟ ~ 외에도 [= except] ⓐⓓ 그 밖에도, 게다가 Besides Seoul and Incheon, Busan is seeing a large number of foreign visitors than usual. 서울과 인천 외에도 부산은 평소보다 외국인 방문객이 더 많다.
09 □□□	**bite** [bait]	ⓥ 물어뜯다, 물다 ⓝ 한 입 Sometimes a mosquito bite continues to itch for a few days. 때때로 모기에 물린 곳은 며칠 동안 가렵다.
10 □□□	**block** [blak]	ⓥ 차단하다, 방해하다 ⓝ (도시의) 한 구획, (건축용) 블록, 방해(물) They blocked the railway tracks so that trains could not pass through. 그들은 기차들이 지나가지 못하게 하기 위해 철로 선로를 막았다.

DAY 14

11 ☐☐☐	**candidate** [kǽndidèit]	ⓝ 후보자, 지원자 It is local candidates that put the interests of the public into action. 대중들의 이해관계를 실행하는 사람은 지역 후보자들이다. a candidate for (~ 에 대한 후보자)
12 ☐☐☐	**capital** [kǽpətl]	ⓝ 수도 [= capital city], 대문자 [= capital letter], 자본(금) Angkor was the capital of the Khmer Kingdom from the 9th to 15th century. 앙코르는 9세기부터 15세기까지 크메르 왕국의 수도였다. The cause of business failure is lack of capital. 사업 실패의 원인은 자본의 부족이다.
13 ☐☐☐	**chief** [tʃiːf]	ⓐ 주요한 ⓝ (단체의) 우두머리, 장(長) The loss of employment is the chief grievance. 실직은 주요 원성의 대상이다.
14 ☐☐☐	**commute** [kəmjúːt]	ⓥ 통근하다 ⓝ 통근 I use the subway for my commute. 나는 통근할 때 지하철을 사용한다. commuter ⓝ 통근자
15 ☐☐☐	**declare** [diklɛ́ər]	ⓥ 선언하다, 단언하다, 신고하다 He declared that he would retire from politics. 그는 정계에서 은퇴할 것이라고 선언했다. declaration ⓝ 선언, 포고, 신고

이현아 취향저격 지텔프 어휘 900

16 □□□	**define** [difáin]	ⓥ 정의하다, 뜻을 명확히 하다, (범위 등을) 한정하다 Please define the terms of the agreement. 계약서의 조건을 정확히 설명해 주세요. definition ⓝ 정의, 말뜻
17 □□□	**disappoint** [dìsəpɔ́int]	ⓥ 실망시키다 Brian said his parents were extremely disappointed with his decision. Brian은 그의 부모님들이 그의 결정에 극도로 실망했다고 말했다. disappointment ⓝ 실망 disappointed ⓐ 낙담한, 실망한
18 □□□	**offend** [əfénd]	ⓥ 화나게 하다, 위반하다 They were offended by his refusal to attend the party. 그들은 그가 파티에 참석하는 거절해서 기분이 나빴다. offense ⓝ 위반, 무례, 공격 offensive ⓐ 불쾌한, 무례한, 공격적인
19 □□□	**organ** [ɔ́ːrgən]	ⓝ (생물의) 기관, 장기, (악기) 오르간 Consequently, the sale of organs will condone a gross discrimination between rich and poor. 결과적으로 장기매매는 부자와 가난한 사람들 사이에 철저한 차별을 용납할 것이다.
20 □□□	**plot** [plat]	ⓝ 음모, (책, 영화 등의) 줄거리 [= storyline] ⓥ 음모를 꾸미다, 모의하다 The police uncovered the gang's plot to assassinate the governor. 경찰은 주지사를 암살하려는 범죄 조직의 음모를 알아냈다.

DAY 14

21 convey
□□□ [kən'veɪ]

ⓥ 전달하다, 전하다

Each scientist's contribution was conveyed to students.
각각의 과학자의 공헌은 학생들에게 전달되었다.

Color preferences may arise because of the different signals that colors convey to organisms in nature.
색깔에 대한 선호는 색깔이 자연에 있는 유기체에게 전달하는 상이한 신호 때문에 생기는 것일지도 모른다.

22 praise
□□□ [preiz]

ⓥ 칭찬하다 ⓝ 칭찬

The actress was praised for her role in the film.
그 여배우는 영화에서 그녀의 역할로 찬사를 받았다.

23 pray
□□□ [prei]

ⓥ 기도하다, 빌다

Instead, she prayed alone for about a day in her room.
대신에 그녀는 그녀의 방에서 거의 하루 동안 혼자서 기도했다.

prayer ⓝ 기도

24 pretend
□□□ [priténd]

ⓥ ~ 인 체하다, 가장하다 [= make believe]

Therefore, people cannot pretend to be someone else.
그러므로 사람들은 다른 사람으로 가장할 수 없다.

25 prevent
□□□ [privént]

ⓥ 예방하다, 방지하다, 막다

The president entered into negotiations in order to prevent armed conflict.
대통령은 무력 분쟁을 방지하기 위해 교섭에 관여했다.

prevent A from ~ ing (A가 ~ing하는 것을 막다)

prevention ⓝ 예방, 방지

이중아 취향자격 지털프 어휘 900

| 26 ☐☐☐ | **publish** [pʌblik] | ⓥ 출판하다, 발행하다, 발표하다, 공표하다

 Sophie hopes to publish his own novel in the near future.
 Sophie 그 자신의 소설을 가까운 미래에 출판하기를 희망한다.

 publisher ⓝ 출판업자 |

| 27 ☐☐☐ | **punish** [pʌniʃ] | ⓥ 벌하다, 처벌하다

 Those responsible for this crime will be severely punished.
 이 범죄에 대해 책임이 있는 자들은 심한 처벌을 받을 것이다.

 punishment ⓝ 처벌 |

| 28 ☐☐☐ | **range** [reindʒ] | ⓝ 범위, 범주, 한도 ⓥ (어떤) 범위에 이르다, 미치다

 His lecture covered a wide range of topics.
 그의 강의는 넓은 범위의 주제를 다뤘다. |

| 29 ☐☐☐ | **recall** [rikɔːl] | ⓥ 생각해내다, 상기시키다 [= remind], 소환하다

 I could not recall any part of the story.
 나는 그 이야기의 어떤 일부도 기억해 낼 수 없었다. |

| 30 ☐☐☐ | **rude** [ruːd] | ⓐ 무례한 [= impolite, insolent]

 The woman said some very rude words to me.
 그 여자는 나에게 매우 무례한 말을 했다. |

DAY 14

DAY 14

이해야 취향저격 지털프 어휘 900

31 ☐☐☐ **ruin** [rúːin]

ⓥ 망쳐놓다 [= spoil], 파괴하다 [= destroy] ⓝ 파괴, 유적

The thunderstorm on Saturday ruined our plans.
토요일의 폭풍우가 우리의 계획을 망쳤다.

32 ☐☐☐ **suggest** [səgdʒést]

ⓥ 제안하다, 암시하다

My friend suggested taking a taxi.
내 친구는 택시 탈 것을 제안했다.

suggestion ⓝ 제안, 암시

33 ☐☐☐ **sum** [sʌm]

ⓝ 총계, 합계 ⓥ 요약하다 [= summarize]

You will be paid a sum of 400 dollars for the project.
당신은 그 사업을 위해 400달러의 금액을 받게 될 것입니다.

34 ☐☐☐ **symptom** [símptəm]

ⓝ 증상, 징후, 징조

The symptoms of food poisoning include stomachache, vomiting, and diarrhea.
식중독의 복통, 구토, 그리고 설사의 증상을 포함한다.

35 ☐☐☐ **violation** [vàiəléiʃən]

ⓝ 위반

That is not only a violation of the law but also a technical impossibility.
그것은 법의 위반일 뿐만 아니라 기술적으로 불가능하다.

violate ⓥ 위반하다, 침해하다

196

36 ☐☐☐	**thirst** [θəːrst]	ⓝ 갈증, 갈망 Judy spent all her life thirsting for knowledge. Judy는 지식을 갈망하면서 그녀의 일생을 보냈다. thirsty ⓐ 목이 마른
37 ☐☐☐	**thorough** [θə́ːrou]	ⓐ 철저한, 완전한 Needless to say, the success of the system depends on thorough preparations. 말할 필요도 없이, 제도의 성공은 철저한 준비에 달려있다. thoroughly ⓐⓓ 완전히, 철저히
38 ☐☐☐	**trust** [trʌst]	ⓝ 신뢰 ⓥ 신뢰하다 No one trusts a lazy person who is always late for meetings or classes. 누구도 회의나 수업에 항상 늦는 게으른 사람을 신뢰하지 않는다.
39 ☐☐☐	**typical** [típikəl]	ⓐ 전형적인, 대표적인 The dome of the Hagia Sophia has the typical Byzantine style of architecture. 성 소피아 성당의 돔은 전형적인 비잔틴 양식의 건축이다. typically ⓐⓓ 대체로, 전형적으로
40 ☐☐☐	**withdraw** [wiðdrɔ́ː]	withdraw - withdrew - withdrawn ⓥ 취소하다, 철회하다, 철수시키다, 인출하다 He won reelection and decided to withdraw American troops in 2011 from Iraq. 그는 재선에 성공했고 2011년에 이라크에서 미국 군대를 철수하기로 결정했다. withdraw money [cash] (돈을 인출하다) withdrawal ⓝ 취소, 철회, (예금) 인출

DAY 14

DAY 14

이현아 취향저격 지텔프 어휘 900

41 □□□ **aborigine** [æbərɪdʒəni]

ⓝ 원주민, 호주원주민

The government removed Aborigine children from their homes between 1910 and 1970.
정부는 1910년에서 1970년 사이에 호주 원주민 아이들을 그들의 가정(가족)으로부터 떼어냈다.

aboriginal ⓐ 원주민의, 토착의

---

42 □□□ **ancestor** [ænsestər]

ⓝ 조상, 선조

a reptile that was the common ancestor of lizards and turtles
도마뱀과 거북의 공통적인 조상이었던 파충류

His ancestors had come to America from Ireland.
그의 조상은 아일랜드에서 미국으로 왔었다.

---

43 □□□ **articulate** ⓥ [ɑːrtɪkjuleɪt] ⓐ [ɑːrtɪkjələt]

ⓥ 분명히 말하다, 명확히 표현하다 ⓐ 분명한

Albert Einstein had difficulty in articulating his thoughts.
Albert Einstein은 자신의 생각을 분명히 표현하는 데 어려움을 겪었다.

articulately ⓐⓓ 뚜렷이, 분명히
inarticulate ⓐ 불분명한

---

44 □□□ **crack** [kræk]

ⓝ 깨다, (문제를) 풀다, 금이 가다 ⓝ (갈라진) 금, 틈

There is little correlation between the crack and any volcanic activity.
균열과 화산 활동 사이에 상관관계가 거의 없다.

crack a code (암호를 풀다)

---

45 □□□ **descendant** [dɪsendənt]

ⓝ 후손, 자손

Our descendant will also survive into the distant future.
우리의 후손 또한 먼 미래까지 살아남을 것이다.

descend ⓥ 내리다, 하강하다

198

46 ▢▢▢	**erosive** [iróusiv]	ⓐ 부식성의, 침식성의 That is the beginning of an erosive process. 그것은 부식하는 과정의 시작이다. errode ⓥ 부식시키다 errosion ⓝ 부식
47 ▢▢▢	**germ** [dʒəːrm]	ⓝ 세균 Many germs are spread through the air when you sneeze. 여러분이 재채기 할 때 많은 세균들이 공기를 통해 퍼집니다.
48 ▢▢▢	**grease** [griːs]	ⓝ 기름 ⓥ ~에 기름 바르다 Grease marks can be removed with liquid detergent. 기름 자국은 액체 세제로 지울 수 있다 greasy ⓐ 기름투성이의
49 ▢▢▢	**initiative** [ɪnɪʃətɪv]	ⓝ 결단력, 계획, 주도권 The new immigrants show little initiative and want to be told what to do. 그 새로운 이민자들은 결단력을 거의 보이지 않고, 무엇을 해야 하는지 지시 받기를 원한다. take the initiative (솔선해서 하다) initiate ⓥ 시작하다, 착수시키다 initiation ⓝ 가입, 시작
50 ▢▢▢	**lustrous** [lʌstrəs]	ⓐ 광택이 있는, 번쩍번쩍 빛나는 It is highly valued because its shell is considered to be the most lustrous of all snails. 그것은 달팽이들 중에서 가장 번쩍이는 껍질을 가지고 있기 때문에 가치를 높이 평가 받는다.

DAY 14

51 ornament
[ɔ́ːrnəmənt]

ⓝ 장식

Shells are worn as jewelry, used as ornaments or charms, and are also sometimes used as dice in board games.
조개껍질은 보석처럼 착용되고, 장신구 및 장식품으로 이용되며, 때때로 보드 게임의 주사위로도 사용된다.

ornate ⓐ 화려하게 장식한

52 peer
[pɪr]

ⓝ 또래, 동료 ⓥ 자세히 들여다보다

Children need to maintain relationships with their peers.
어린이들은 또래와의 관계를 유지해야 한다.

53 plague
[pleig]

ⓝ 전염병, 역병

A plague is a sickness that can wipe out whole cities full of people.
역병은 도시사람들 전체를 휩쓸고 갈 정도의 질병이다.

54 plain
[plein]

ⓝ 평원 ⓐ 명백한, 평범한

The cattle moving across the plain threw up dust clouds.
평원을 이동하는 소 떼는 먼지 구름을 일으켰다.

it is plain that (~하다는 것이 분명하다)

55 plentiful
[pléntifəl]

ⓐ 풍부한 [= abundant]

Apples are plentiful in the fall.
가을에는 사과가 풍족하다.

The country has plentiful natural resources.
그 나라는 천연 자원이 풍부하다.

56 ☐☐☐	**reinforce** [riːɪnfɔːrs]	ⓥ 강화하다 [= strengthen, beef up] Such jokes tend to reinforce racial stereotypes. 그러한 농담은 인종에 대한 고정관념을 강화하는 경향이 있다. reinforcement ⓝ 강화; 강화 반응
57 ☐☐☐	**revenue** [revənuː]	ⓝ 수입, 수익, 매출 The company's annual revenues rose by 30%. 그 기업의 연간 수익이 30% 늘었다.
58 ☐☐☐	**sacred** [séikrid]	ⓐ 신성한, 성스러운 [= holy], 신성 불가침의 When they first discovered the bird, they believed it was sacred and spiritual. 그들이 이 새를 처음으로 발견했을 때 그들은 그것이 신성하고 숭고하다고 믿었다.
59 ☐☐☐	**stereotype** [steriətaɪp]	ⓝ 고정관념, 상투적인 수단 ⓥ 정형화하다 Children from certain backgrounds tend to be stereotyped by their teachers. 특정한 배경을 지닌 아동들은 그들의 교사들이 고정 관념을 가지고 보는 경향이 있다. stereotypical ⓐ 틀에 박힌, 전형적인
60 ☐☐☐	**wipe** [waip]	ⓥ (먼지나 물기를 없애기 위해) 닦다, 청산하다, 없애다 [= remove] Please wipe your feet on the mat. 매트에 발을 닦이 주세요. You must have wiped off that programme I recorded. 내가 녹화한 그 프로그램을 네가 지웠음에 틀림없어.

DAY 14

DAY
15

- ☐ accuse
- ☐ adolescent
- ☐ affection
- ☐ ambiguous
- ☐ annoy
- ☐ asymmetric
- ☐ beg
- ☐ belief
- ☐ belong
- ☐ bend
- ☐ benefit
- ☐ budget
- ☐ certify
- ☐ cheat
- ☐ chemical
- ☐ cognitive
- ☐ comprise
- ☐ constant
- ☐ dangle
- ☐ decline

- ☐ defer
- ☐ degenerate
- ☐ delude
- ☐ distraction
- ☐ dose
- ☐ drown
- ☐ embark
- ☐ enact
- ☐ enclosure
- ☐ extrovert
- ☐ hierarchy
- ☐ hurdle
- ☐ hypothesis
- ☐ incumbent
- ☐ intervention
- ☐ intimacy
- ☐ intricate
- ☐ launch
- ☐ magnitude
- ☐ mammal

- ☐ pose
- ☐ precede
- ☐ profound
- ☐ purchase
- ☐ radical
- ☐ reassure
- ☐ reduce
- ☐ resolve
- ☐ respond
- ☐ static
- ☐ susceptible
- ☐ synergy
- ☐ thoughtful
- ☐ thrilled
- ☐ transcribe
- ☐ valuable
- ☐ wane
- ☐ weary
- ☐ wheat
- ☐ whereas

DAY 15

01 □□□ **affection**
[əfékʃən]

ⓝ 애정, 호의, 감동, 질병 [= ailment, disease]

Many women complain that their husbands do not show affection.

많은 여성들은 그들의 남편들이 애정을 보이지 않는다고 불평한다.

---

02 □□□ **ambiguous**
[æmbígjuəs]

ⓐ 애매모호한, 다의의 [= unclear, vague]

The instructions were a little ambiguous, so he asked for explanation.

지시 사항이 조금 애매모호해서, 그는 설명을 요구했다.

---

03 □□□ **annoy**
[ənɔ́i]

ⓥ 화나게 하다, 짜증나게 하다 [= irritate]

I would have been really annoyed if it had happened to me.

내게 그런 일이 일어났다면 나는 정말 화가 났을 것이다.

annoyed ⓐ 짜증난, 성가신
annoyance ⓝ 성가심, 성가신 것 [사람]

---

04 □□□ **pose**
[pouz]

ⓥ (문제, 질문을) 제기하다, 자세를 취하다

Modern urban life poses serious problems in this regard.

현대의 도시 생활은 이런 점에서 심각한 문제를 제기한다.

---

05 □□□ **beg**
[beg]

ⓥ 부탁하다, 구걸하다

The man had begged her to marry him but she declined.

그 남자는 그녀에게 그와 결혼해 달라고 애원했지만 그녀는 거절했다.

beggar ⓝ 거지

06 □□□	**belief** [bilíːf]	ⓝ 신념, 확산, 신뢰, 신앙
		Due to the advancement of science, more doubts have surrounded the old religious beliefs.
		과학의 발전으로, 오랜 종교적 믿음에 대한 더 많은 의구심이 생겨났다.
		believe ⓥ 믿다, 신뢰하다

07 □□□	**belong** [bilɔ́ːŋ]	ⓥ ~ 에 속하다, ~ 의 소유물이다, (있어야 할 장소에) 있다
		Animals belong in their natural habitat in the wild and in zoos.
		동물들은 야생과 동물원에서 자연 서식지에 속한다.
		belong to (~ 에 속하다)
		belongings ⓝ 소유물, 소지품, 재산

08 □□□	**bend** [bend]	bend - bent- bent
		ⓥ 구부리다, 구부러지다
		The water will be bent towards the comb or balloon like magic.
		그 물은 마법처럼 빗이나 풍선을 향해 구부러질 것이다.

09 □□□	**benefit** [bénəfit]	ⓝ 이익, 이득 ⓥ 혜택을 얻다, ~ 에게 도움이 되다
		I think there are more benefits compared to the disadvantages.
		나는 단점들과 비교해 볼 때 더 많은 이점들이 있다고 생각한다.
		benefit from (~ 에서 이익을 얻다)

10 □□□	**budget** [bʌ́dʒit]	ⓝ 예산, 예산안, 재정 ⓥ 예산을 세우다
		The special budget will help the unemployed and the poor.
		그 특별 예산은 실업자와 빈곤층에 도움이 될 것이다.

11 □□□ **certify**
[sə́:rtəfài]

ⓥ 증명하다, 지급을 보증하다

I certify that he is a diligent student.
나는 그가 착실한 학생임을 보증한다.

certification ⓝ 증명, 보증, 증명서
certificate ⓝ 증명서

---

12 □□□ **cheat**
[ʧiːt]

ⓝ 사기, 속임수 ⓥ 속이다, 부정행위를 하다

They often cheat each other by using unfair tactics, just like humans.
그들은 종종 인간들처럼 불공평한 전략을 사용하여 서로서로 속인다.

---

13 □□□ **accuse**
[əkjúːz]

ⓥ 고발하다, 비난하다 [= blame, criticize]

She accused him of lying.
그녀는 그가 거짓말 한다고 비난했다.

accusation ⓝ 비난, 고발

---

14 □□□ **chemical**
[kémikəl]

ⓝ 화학물질 ⓐ 화학의, 화학작용에 의한

Metabolism is the chemical processes occurring within a living cell or organism.
신진대사는 살아있는 세포 혹은 유기체 안에서 일어나는 화학적인 과정이다.

---

15 □□□ **comprise**
[kəmpráiz]

ⓥ 차지하다, 구성하다

An English speaking exam comprises 30 percent of the interview score.
영어 회화 시험은 면접 점수의 30퍼센트를 차지한다.

16 □□□	**constant** [kánstənt]	ⓐ 끊임없이 계속하는, 지속적인, 불변의, 일정한 ↔ [variable 가변의] He has to figure out many problems, such as the constant shortage of food. 그는 지속적인 식량 부족과 같은 많은 문제들을 해결해야 한다. constantly ⓐⓓ 끊임없이
17 □□□	**decline** [diklain]	ⓥ 감소하다, 거절하다, 기울이다 ⓝ 쇠퇴, 거절, 기욺 Cash use in Australia is also on a sharp decline. 호주의 현금 사용도 급격히 줄고 있다. Trump is not the first to decline the presidential salary. 트럼프는 대통령 연봉을 거절한 첫 번째 사람이 아니다. decline in (~의 감소)
18 □□□	**defer** [difə́:r]	ⓥ 연기하다 [= postpone, delay, put off] Let's defer the decision for a few weeks. 그 결정을 몇 주 동안 연기합시다.
19 □□□	**degenerate** [didʒénərèit]	ⓥ 퇴화하다, 타락하다 [= deteriorate] Nurses are standing by in case the patient's condition degenerates. 간호사들은 환자의 상태가 악화될 경우에 대비해서 대기하고 있다. degeneration ⓝ 퇴폐, 타락
20 □□□	**delude** [dilúːd]	ⓥ 착각하게 하다, 속이다 [= deceive] Alcoholics delude themselves into thinking that they do not have a problem. 알코올 중독자들은 그들에게 문제가 없다고 착각한다.

DAY 15

21 □□□ **embark**
[imbáːrk]

ⓥ 배를 타다, 승선하다

We stood on the pier and watched as they embarked.
우리는 부두에 서서 그들이 승선하는 것을 지켜보았다.

---

22 □□□ **enact**
[ɪnǽkt]

ⓥ (법을) 제정하다, 연기(상연)하다, (수동태로) 일어나다

It has been enacted in practice.
그것이 실제로 일어났다.

---

23 □□□ **extrovert**
[ékstrəvəːrt]

ⓐ 외향적인, 사교적인 ⓝ 외향적인 사람

Karen has the personality of an extrovert, as she hates being alone.
Karen은 혼자 있는 것을 싫어하기 때문에 외향적인 성격을 가지고 있다.

---

24 □□□ **intricate**
[ɪntrɪkət]

ⓐ 복잡한, 난해한 [= complicated]

The champion chess player uses a variety of intricate strategic.
체스 대회 우승자는 다양한 복잡한 전략들을 이용한다.

---

25 □□□ **launch**
[lɔːntʃ]

ⓥ 시작하다, (상품을) 출시하다 [= introduce]
ⓝ 개시, 발사

The launch of the space shuttle was a great success.
우주 왕복선의 발사는 대성공이었다.

The new model will be launched in July.
그 새 모델은 7월에 출시된다.

26 □□□	**precede** [prɪsíːd]	ⓥ 먼저 일어나다, 선행하다, 앞서다 An opening ceremony precedes the start of every Olympic games. 개막식은 모든 올림픽 경기의 시작보다 먼저 일어난다.

27 □□□	**profound** [prəfáund]	ⓐ 심오한, 엄청난 There's something, I don't know, profound here. 여기엔 무엇인지는 모르겠지만 심오한 뭔가가 있어.

28 □□□	**purchase** [pə́ːrtʃəs]	ⓥ 사다, 구입하다 ⓝ 구매, 산 물건 It will allow the users to purchase products with their mobile phones. 그것은 사용자들이 그들의 휴대전화로 물건을 구매할 수 있도록 가능하게 해줄 것이다. make a purchase (구입하다)

29 □□□	**radical** [rǽdɪkl]	ⓐ 대단한, 급진적인 [= dramatic, remarkable] We need a radical change in the tax system. 조세 제도상의 근본적인 변화가 필요합니다.

30 □□□	**reduce** [rɪdjúːs]	ⓥ 줄이다, 삭감하다 Meditation is known to reduce stress. 명상은 스트레스를 줄여주는 것으로 알려져 있다. Costs have been reduced by 20% over the past year. 지난 한 해 동안 경비가 20% 줄었다. reduction ⓝ 축소, 삭감

31 □□□	**respond** [rispánd]	ⓥ 응답하다, 반응하다 Please respond to the invitation before July 1. 7월 1일 전까지 초대에 응답해주시기 바랍니다. respond to (~ 에 응답하다) <div align="right">response ⓝ 응답 respondent ⓝ 응답자</div>
32 □□□	**static** [stǽtɪk]	ⓐ 변화하지 않는, 고정된, 정적인 Population growth has been static for the past two decades. 인구 증가는 지난 20년간 변화하지 않았다.
33 □□□	**synergy** [sínərdʒi]	ⓝ 협력 작용, 상승 작용 The alliance between the two companies will generate a significant synergy effect. 두 기업의 제휴는 상당한 시너지 효과를 낼 것이다.
34 □□□	**valuable** [vǽljuəbl]	ⓐ 값비싼, 귀중한 [= precious, priceless] Diamonds are highly valuable jewels because of their rarity. 다이아몬드는 그것의 희소성 때문에 매우 값비싼 보석이다. <div align="right">value ⓝ 가치, 값 ⓥ 평가하다</div>
35 □□□	**thoughtful** [θɔ́ːtfəl]	ⓐ 신중한, 이해심 많은 [= considerate] Playing outside makes children more creative and thoughtful. 야외에서 노는 것은 아이들이 더 창조적이고 사려 깊게 만든다.

이공계 취향저격 지텔프 어휘 900

36 □□□	**weary** [wíəri]	ⓐ (몹시) 지친 [= exhausted], 지겨운 Students soon grow weary of listening to a parade of historical facts. 학생들은 이어지는 역사적 사실들을 듣는 것에 곧 싫증을 낸다. be weary of (~ 에 지치다, 싫증나다) wearisome ⓐ 지치게 하는, 싫증나는, 지루한
37 □□□	**thrilled** [θrɪld]	ⓐ 전율이 느껴지는, 스릴이 느껴지는 Tony was thrilled at the prospect of seeing them again. Tony는 그들을 다시 만날 생각에 신이 났다.
38 □□□	**wane** [wein]	ⓥ 작아지다, 약해지다 [= decrease, wither] The moon waxes and wanes in a four-week cycle. 달은 4주 주기로 차고 작아진다. The popularity of the song waned after a few months. 그 노래의 인기는 몇 달 뒤에 시들해졌다.
39 □□□	**wheat** [hwiːt]	ⓝ 밀 Stay away from wheat breads and pastas which spike up the blood sugar level. 혈당 농도를 높이는 밀빵과 파스타를 멀리해라.
40 □□□	**whereas** [hwɛərǽz]	ⓒ ~ 에 반하여 [= while, on the other hand], 그러나 South Korea is a democratic country, whereas North Korea is a communist country. 남한은 민주주의 국가인 반면에 북한은 공산주의 국가이다.

DAY 15

이현아 취향저격 지텔프 어휘 900

41 □□□	**adolescent** [ædəlesnt]	ⓝ 청소년, 젊은이 The person I am looking for is an adolescent boy of 16. 내가 찾고 있는 그 사람은 16세의 청소년이다. adolescence ⓝ 청소년기
42 □□□	**asymmetric** [eɪsɪmetrɪk]	ⓐ 불균형의, 비대칭의 Competition is asymmetric. 경쟁은 불균형적이다. All of our faces are asymmetric to some degree. 우리의 모든 얼굴은 어느 정도 비대칭이다. symmetric ⓐ 균형의, 대칭의
43 □□□	**cognitive** [kágnitiv]	ⓐ 인지의, 인식의 Logic puzzles are used to test people's cognitive abilities. 논리 퍼즐은 사람들의 인지 능력을 검사하는 데 사용된다. cognition ⓝ 인지, 인식
44 □□□	**dangle** [dǽŋgl]	ⓥ 흔들다, 매달리다 He sat on the broken mast, dangling his feet in the water. 그는 부러진 돛대에 앉아서 물속에서 발을 흔들었다. A light bulb dangled from the ceiling. 천장에는 전구 하나가 매달려 있었다.
45 □□□	**distraction** [dɪstrækʃn]	ⓝ 집중을 방해하는 것, 기분 전환 all the nighttime distractions 밤 시간에 집중을 방해하는 모든 것 I find it hard to work at home because there are too many distractions. 나는 집에서는 집중을 방해하는 것들이 너무 많아서 일을 하기가 힘들다. distract ⓥ 산만하게 하다, 주의를 빼앗다

46	**dose**	ⓝ 복용, 양, 1회분
□□□	[dous]	extra doses of methane in the atmosphere 대기 중에 있는 추가적인 메탄의 양
		In small doses this can be healthy. 적은 양이면 이것은 유익할 수 있다.

47	**drown**	ⓥ 익사하다, 압도당하다
□□□	[draun]	Had it not been for those life jackets, everyone on board would have drowned. 구명조끼가 없었다면 배에 타고 있던 모든 사람들은 모두 익사했을 것이다.
		We're all drowning in information. 우리는 모두 정보에 압도당하고 있다.

48	**enclosure**	ⓝ 동봉, 울타리 친 곳, 포위, 구내
□□□	[inklóuʒər]	a wildlife enclosure 울타리를 쳐 놓은 야생 동물 보호 구역
		There is a sick bed within the enclosure of this school. 학교 구내에 양호실이 있다.

49	**hierarchy**	ⓝ 위계, 계층, 체계
□□□	[haɪərɑ́ːrki]	There is a hierarchy. 위계가 존재한다.
		Hierarchies are usually built into institutions. 체계는 대체로 제도의 일부가 되어 있다.

50	**hurdle**	ⓝ 허들, 장애물 ⓥ 뛰어 넘다
□□□	[hə́ːrdl]	Harrison hurdled two barriers to avoid reporters. Harrison은 기자들을 피하기 위해 장애물 두 개를 뛰어 넘었다.

DAY 15

213

51 □□□ **hypothesis** [haipάθəsis]

ⓝ 가설, 가정

a new hypothesis
새로운 가설

rule out alternate hypotheses
대립 가설을 배제하다

We find much evidence converging to support the hypothesis.
그 가설을 뒷받침해 주는 많은 증거가 있다.

hypothetical ⓐ 가설의, 가정의

52 □□□ **incumbent** [inkΛmbənt]

ⓐ 현직의 ⓝ 재임자

The incumbent president selected new members for his staff.
현직 대통령은 보좌진의 새로운 구성원을 선발했다.

53 □□□ **intervention** [ìntərvénʃən]

ⓝ 개입 [= influence, involvement], 간섭, 중재 [= mediation]

invite foreign intervention
타국의 간섭을 초래하다

The natural habitat is consistently being threatened and human intervention is continuing.
자연 서식지는 끊임없이 위협을 받고 있으며 인간의 개입은 끝이 없다.

54 □□□ **intimacy** [íntəməsi]

ⓝ 친밀(함)

Intimacy is a close personal relationship.
친밀이란 가까운 개인적 관계이다.

They kept their wedding small to create a sense of intimacy.
그들은 친밀감을 형성하기 위해 그들의 결혼식을 소규모로 했다.

55 □□□ **magnitude** [mǽgnɪtuːd]

ⓝ 크기, (엄청난) 규모, 중대성

We did not realize the magnitude of the problem.
우리는 그 문제의 규모[중요도]를 깨닫지 못했다.

56 ☐☐☐	**mammal** [mǽməl]	ⓝ 포유동물 Scientists wondered for a long time just how whales are connected with land mammals. 과학자들은 오랫동안 어떻게 고래와 육상 포유류가 관련이 있는 지를 궁금했다.
57 ☐☐☐	**reassure** [riːəʃur]	ⓥ 안심시키다 [= reinsure] It reassured her mom. 그것이 그녀의 엄마를 안심시켰다. They tried to reassure one another. 그들은 서로서로 안심시키려고 했다. assurance ⓝ 안심, 안도, 재보증
58 ☐☐☐	**resolve** [rizálv]	ⓥ 결심하다, 결정하다, 용해하다, 분해하다 I've resolved to lose 20 pounds by the end of this year. 나는 연말까지 20 파운드를 빼기로 결심했다. resolution ⓝ 결단, 결의안, (문제) 해결 resolvent ⓝ 용해하는, 분해하는
59 ☐☐☐	**susceptible** [səséptəbl]	ⓐ 영향 받기 쉬운, 민감한 [= vulnerable, weak, sensitive] The people who are most susceptible to the flu are children and the elderly. 독감에 가장 영향 받기 쉬운 사람들은 어린이들과 어르신들이다.
60 ☐☐☐	**transcribe** [trænskráib]	ⓥ 기록하다, 베끼다, 번역하다 He asked his secretary to transcribe everything that was discussed in the meeting. 그는 비서에게 회의에서 논의된 모든 것을 기록할 것을 요청했다.

DAY 15

INDEX

이현아 취향저격 G-TELP 어휘 900

이현아 취향저격 G-TELP어휘900

INDEX

이형아 취향자격 지털프 어휘 900

INDEX

이긴아 최향지격 지텔프 어휘 900

INDEX

INDEX

INDEX

223

이것이 취향저격 지텔프 어휘 900

INDEX

225

INDEX

INDEX

INDEX

이홍열 최향자격 지털프 어휘 900

이현아

취향저격
G-TELP
어휘 900

900개 어휘 15일 완성 PLAN

이현아
취향저격
지텔프

900 어휘편

초판 1쇄 발행 2018년 1월 5일
개정 2쇄 발행 2019년 8월 20일

편저 이현아   **ISBN** 979-11-962712-4-4   **정가** 9,000원

발행인 정현주   **발행처** 1타에듀   **등록일자** 2017년 9월 19일   **등록번호** 제 2017-000022호
주소 경기도 김포시 유현로 19   **전화** 02-326-5199   **팩스** 070-4186-9654